Bildung für nachhaltige Entwicklung

Gerd Michelsen und Daniel Fischer

Nachhaltige Entwicklung: Die Herausforderung im 21. Jahrhundert

1

Klimawandel, Artensterben, Welternährung: diese drei Beispiele verdeutlichen, dass die Herausforderungen unserer Zeit im noch jungen 21. Jahrhundert sowohl den Zustand unserer Umwelt als auch unsere Lebensbedingungen als Menschen betreffen. Alle drei Beispiele repräsentieren zudem komplexe Problemlagen, die von globaler Tragweite sind und sich zudem weit über unsere Lebenszeit auch auf kommende Generationen hinaus auswirken. In der Idee der Nachhaltigkeit finden diese verschiedenen Perspektiven auf Herausforderungen unserer Zeit eine integrierte Berücksichtigung. Nachhaltige Entwicklung zielt darauf ab, allen heute und zukünftig lebenden Menschen ein gutes Leben zu ermöglichen, ohne unsere Lebensgrundlagen zu gefährden.

Der Zusammenhang zwischen der Idee der Nachhaltigkeit und Bildung ist ein zweifacher: Bildung ist zum einen eine unerlässliche Voraussetzung, um zum Gelingen einer nachhaltigen Entwicklung beizutragen. Die Idee der Nachhaltigkeit ist zugleich aber auch ein Brennglas, in dem sich die Herausforderungen unserer Zeit abbilden, für deren Bewältigung sich Bildung verändern muss. Das Konzept der Bildung für nachhaltige Entwicklung greift diesen Zusammenhang auf. Es stellt einen innovativen und zeitaktuellen Ansatz dar, Allgemeinbildung zu Beginn des 21. Jahrhunderts neu zu denken.

Der Bedeutung des Konzepts einer Bildung für nachhaltige Entwicklung wurde durch die sogenannten Sustainable Development Goals (SDGs) Nachdruck verliehen, die schließlich von der Generalversammlung der Vereinten Nationen im September 2015 verabschiedet wurden.

Dieser Band bietet Leserinnen und Lesern eine hintergründige Einführung in das Konzept der Bildung für nachhaltige Entwicklung. Die Autoren verfolgen dabei drei inhaltliche Ziele. Erstes Ziel ist es, die Entwicklungsschritte des Bildungskonzeptes seit seiner „Erfindung" zu Beginn der 1990er Jahren nachzuzeichnen und den Lesenden auf diese Weise ein Gespür für die verschiedenen Strömungen, Hintergründe und die „Gewachsenheit" der Diskussion zu vermitteln. Das zweite Ziel besteht darin herauszustellen, durch welche Entwicklungen und Charakteristika sich Bildung für nachhaltige Entwicklung von anderen pädagogischen Ansätzen wie der Umwelterziehung unterscheidet. Als drittes Ziel schließlich wird der Stand der Implementierung von Bildung für nachhaltige Entwicklung in einzelnen Bildungsbereichen in Deutschland skizziert und anhand von Praxisbeispielen erläutert, wie Bildung für nachhaltige Entwicklung im jeweiligen Bildungsbereich exemplarisch umgesetzt wird.

Der Band fußt auf zahlreichen Vorarbeiten der Autoren, die teilweise in Kooperation mit weiteren Kolleginnen und Kollegen aus dem Institut für Umweltkommunikation (INFU) sowie dem Institut für integrative Studien (INFIS) an der Fakultät Nachhaltigkeit der Leuphana Universität Lüneburg entstanden sind. Diesen sei an dieser Stelle herzlich gedankt.

Nachhaltigkeit und Bildung
2

Nachhaltige Entwicklung ist eng verbunden mit den aktuellen weltweiten Herausforderungen wie Klimawandel, Gefährdung der Artenvielfalt, Meeresverschmutzung, Arbeitslosigkeit oder ungerechte Verteilung zwischen den Ländern des Nordens und des Südens. Nachhaltige Entwicklung ist aber ebenso als ein Konzept für zukunftsorientierte Energiepolitik, das Erreichen sozialer Gerechtigkeit oder unserer Verantwortung für die Lebensbedingungen künftiger Generationen zu verstehen. In der normativen Idee von Nachhaltigkeit spielen verschiedene gesellschaftliche Vorstellungen wie die von Gerechtigkeit, Freiheit und Selbstbestimmung, Wohlergehen aller Menschen oder der Zukunftsverantwortung mit jeweils unterschiedlicher Gewichtung zusammen. Von Regierungen, Wirtschaftsunternehmen, Nichtregierungsorganisationen, Kommunen oder auch auf nationalen und internationalen Konferenzen wird Nachhaltigkeit als eine wichtige Zielsetzung formuliert, wobei häufig unterschiedliche Interessenlagen eine Rolle spielen.

Wenn von nachhaltiger Entwicklung die Rede ist, wird meist an das im Brundtland-Bericht vertretene Verständnis angeknüpft, in dem nachhaltige Entwicklung als „eine Entwicklung verstanden wird, die die Bedürfnisse der Gegenwart befriedigt, ohne zu riskieren, dass künftige Generationen ihre eigenen Bedürfnisse nicht befriedigen können" (Hauff 1987, S. 46).

Eine nachhaltige Entwicklung ist mit umfassenden und weitreichenden Transformationen und grundlegenden Perspektivwechseln verbunden. In der wissenschaftlichen Debatte um eine nachhaltige Entwicklung besteht Konsens darüber, dass dies nur über einschneidende Veränderungen in den Lebensweisen der Menschen und über einen Wandel der dominanten Produktions- und Konsummuster verbunden mit einer Neuorientierung von Planungs- und Entscheidungsprozessen zu erreichen ist (Kopfmüller et al. 2001). Diese fundamentalen Veränderungen erfordern einen Bewusstseins- und Mentalitätswandel der Individuen, der nur über Lernen verwirklicht werden kann, der systematisch zu ermöglichen und als Aufgabe des Bildungssystems zu verstehen ist (de Haan 2004). Ohne Lernprozesse wird eine nachhaltige Entwicklung nicht möglich sein (Vare & Scott 2007).

Bildung ist deshalb ein wesentlicher Teil des Nachhaltigkeitsprozesses. Ihr Beitrag wird in der Agenda 21, dem wichtigsten Abschlussdokument der ersten Umwelt- und Entwicklungskonferenz der Vereinten Nationen aus dem Jahr 1992, ausdrücklich eingefordert: „Bildung ist eine unerlässliche Voraussetzung für die Förderung einer nachhaltigen Entwicklung und die Verbesserung der Fähigkeit des Menschen, sich mit Umwelt- und Entwicklungsfragen auseinanderzusetzen" (BMU 1992, S. 253). Bildungsangebote sollen einen Bewusstseins- und Mentalitätswandel unterstützen, der es den Menschen ermöglicht, an einer nachhaltigen Gestaltung der (Welt-)Gesellschaft engagiert und verantwortungsbewusst mitzuwirken. Sie sollen Bewusstsein für nachhaltigkeitsrelevante Probleme schaffen, den Erwerb von Wissen über diese Probleme ermöglichen und die erforderlichen Kompetenzen im Umgang mit diesen erschließen (Michelsen et al. 2011).

Was heißt das konkret? Der von der deutschen Bundesregierung beschlossene Ausstieg aus der friedlichen Nutzung der Atomenergie macht deutlich, dass die damit verbundene Energiewende nur zu schaffen ist, wenn in der Gesellschaft eine Umorientierung im Denken und Handeln stattfinden wird. Aber wie kann die Energiewende erfolgreich sein, wenn nicht auch Bildungs- und Kommunikationsprozesse hierbei eine wichtige Rolle spielen? Neben klaren politischen Rahmenbedingungen müssen gesellschaftliche wie auch individuelle Lernprozesse stattfinden, um die „Transformation" in eine post-atomare, aber auch in eine post-fossile Gesellschaft förderlich zu gestalten.

Bildungsprozesse sollen eine Sensibilisierung und Befähigung der Menschen für die Beteiligung an der verantwortlichen Gestaltung der Gesellschaft, Problembewusstsein für Fragen einer nachhaltigen Entwicklung und innovative Beiträge zu allen wirtschaftlichen, sozialen, technischen sowie kulturellen Problemstellungen zum Schutz des Ökosystems Erde ermöglichen. Damit die Menschen die dafür erforderlichen Kompetenzen erwerben und sich mit nachhaltigkeitsrelevanten Inhalten auseinandersetzen können, wird ein Perspektivenwechsel in der Bildung und eine Neuausrichtung des Bildungssystems als notwendig angesehen. Vor diesem Hintergrund wird seit den 1990er Jahren das Konzept der Bildung für nachhaltige Entwicklung diskutiert (de Haan & Harenberg 1999).

Bildung für nachhaltige Entwicklung eröffnet neue Perspektiven und Zusammenhänge auf traditionelle Bildungsthemen. Die Ausrichtung einer an Menschenwürde und Demokratie orientierten Bildung wird erweitert um die Beachtung der natürlichen Lebensgrundlage. Der Erziehungswissenschaftler Wolfgang Klafki forderte schon vor Jahren, dass Bildungsprozesse in eine Auseinandersetzung mit „epochaltypischen Schlüsselproblemen" führen sollen, damit alle Menschen eine Chance haben, ihre Welt zu verstehen und auf deren Entwicklung Einfluss zu nehmen (Klafki 1995). Diese Schlüsselprobleme sind unter der Nachhaltigkeitsperspektive zu bearbeiten, zu ergänzen und zuzuspitzen. Sie gehören zur Allgemeinbildung, die nicht nur Wissen, sondern auch Handlungs- und Beurteilungsfähigkeit wie auch soziale Kompetenz und ästhetisches Empfinden beinhaltet.

Vor diesem Hintergrund haben die Vereinten Nationen 2002 die UN-Dekade „Bildung für nachhaltige Entwicklung" für den Zeitraum 2005-2014 beschlossen. Damit wurde ein weltweiter Anstoß gegeben, Bildung für eine nachhaltige Entwicklung als wichtigen Beitrag für die Gestaltung nachhaltiger Entwicklung in allen Gesellschaften zu konzipieren und umzusetzen. Die Dekade „Bildung für nachhaltige Entwicklung" hat viel mit ihren weltweiten Aktivitäten bewegt und vor allem die Rolle und das Verständnis von und die Sicht auf Bildung für nachhaltige Entwicklung verändert. Wurde Bildung für nachhaltige Entwicklung zunächst eher als eine „Nischen-Aktivität" im gesamten Bildungssystem betrachtet, hat sich diese Sichtweise in den letzten Jahren deutlich verschoben. Bildung für nachhaltige Entwicklung wird heute als ein innovatives Konzept verstanden, mit dem Lehren und Lernen in den unterschiedlichen Bildungsbereichen eine neue Bedeutung bekommen haben. Bildung für nachhaltige Entwicklung steht nicht mehr neben u.a. Umweltbildung, Konsumbildung oder Klimabildung als ein „Anhängsel" im Curriculum, sondern ist ein Ansatz, der die Möglichkeit bietet, Bildung generell neu zu denken und qualitätsvoll weiter zu entwickeln. Verstärkt wird inzwischen ein ganzheitlicher Systemansatz diskutiert, der davon ausgeht, dass Bildung für nachhaltige Entwicklung und die Idee der Nachhaltigkeit nicht nur für Bildungsprozesse wichtig sind, sondern für die Gestaltung der gesamten Bildungsinstitutionen, seien es Kindertagesstätten, Schulen, Universitäten oder Fort- und Weiterbildungseinrichtungen.

Die im Zuge der Weltdekade angestoßenen Aktivitäten und Maßnahmen erfahren im Weltaktionsprogramm (WAP) (2015-2019) eine Fortsetzung. Noch in 2019 werden die Vereinten Nationen über eine modifizierte Fortführung dieses Programms befinden.

Von der Umwelterziehung bis zum Weltaktionsprogramm

3

Wo liegen die Ursprünge von Bildung für nachhaltige Entwicklung? Wie hat sich die Diskussion um Bildung für nachhaltige Entwicklung international und national entfaltet? Welche Meilensteine und Phasen der Entwicklung lassen sich ausmachen? Welche Akteure haben diesen Prozess bestimmt? Auf diese und weitere Fragen versucht dieses Kapitel Antworten zu geben.

Seit fast 40 Jahren werden national wie international über den Zusammenhang von ökologischer Krise und Bildung theoretische Debatten geführt. Es wird mit konkreten Projekten in der Bildungspraxis experimentiert und immer wieder werden programmatische bildungspolitische Initiativen gestartet wie auch Forschungsaktivitäten entfaltet. Dabei spielen unterschiedliche Begrifflichkeiten wie Umwelterziehung, Ökopädagogik, Naturpädagogik, Ökologisches Lernen, Umweltlernen, Umweltbildung oder Globales Lernen eine Rolle, wobei vielfältige Konzeptionen mit jeweils unterschiedlichem pädagogischen Fokus und Lösungsansätzen entstanden sind. Seit der Konferenz von Rio (1992) wird verstärkt über Bildung für nachhaltige Entwicklung diskutiert. Hinsichtlich der bildungspolitischen Erklärungen und Beschlüsse zeigt sich ein ähnliches Bild.

INTERNATIONALE MEILENSTEINE

Werfen wir einen bildungspolitischen Blick zurück, so steht *Umwelterziehung* spätestens seit den 1970er Jahren international auf der Tagesordnung (Michelsen 2001). Seitdem haben zahllose internationale Konferenzen stattgefunden, die mit dem Ziel durchgeführt wurden, Umweltbildung in den verschiedenen Bildungsbereichen zu etablieren. Dabei wird vor allem das Bemühen der Vereinten Nationen und ihrer Organisationen deutlich, Umweltbildung weltweit zu verankern. Ein wichtiger Meilenstein zu dieser Zeit ist die erste von der UNESCO 1977 veranstaltete weltweite Konferenz über Umwelterziehung in Tiflis (Georgien) gewesen (UNESCO 1978). Diese Konferenz hatte entscheidenden Einfluss auf das Verständnis und die Weiterentwicklung von Umwelterziehung. Umwelterziehung wird hier als integraler Bestandteil von kontinuierlich stattfindenden Bildungsprozessen verstanden, die über die schulische Bildung hinaus lebenslang andauern. Als globale Kategorien von Zielen der Umwelterziehung werden genannt: Bewusstsein wecken, Kenntnisse erwerben, Einstellungen vermitteln, Fähigkeiten aneignen und Mitwirkung ermöglichen.

In diesem Zeitraum hat zugleich eine weltweite Diskussion über die Bedrohungen und Gefährdungen der Lebensgrundlagen auf der Erde durch den Menschen selbst begonnen, nicht zuletzt ausgelöst durch den Bericht des Club of Rome mit dem Titel „Grenzen des Wachstums" (Meadows et al. 1972). Durch ihn, aber auch durch andere Berichte wie Global 2000 oder den Brundtland-Bericht wurde deutlich, dass sich die Menschheit in einer Phase des weltweiten Wandels befindet, die eine neue Qualität im Umgang mit Mensch-Umwelt-Problemen, aber genauso mit der Gestaltung des globalen menschlichen Zusammenlebens verlangt. Die Globalität derartiger Folgewirkungen verlangt nach einem verantwortungsvollen Umgang der Menschheit mit ihren natürlichen und sozialen Ressourcen. Diese Entwicklungen ziehen aber auch die Konsequenz nach sich, dass nicht mehr von Erziehung im Sinne der Anpassung oder Änderung von Verhaltensweisen gesprochen werden kann, sondern von Bildung und der Gestaltung von Bildungsprozessen, die die Verantwortung des Individuums bei der Gestaltung der gesellschaftlichen Entwicklung stärker in den Vordergrund rücken. Spätestens seitdem spricht man nicht mehr von Umwelterziehung, sondern von *Umweltbildung*.

Die von den vorher genannten Veröffentlichungen und Ereignissen mit ausgelöste Diskussion darüber, welche Rolle Bildung im Zusammenhang einer nachhaltigen Entwicklung zukommt, hatte ihren ersten Höhepunkt auf der Konferenz der Vereinten Nationen zu Umwelt und Entwicklung in Rio de Janeiro (1992). Sowohl in der dort verabschiedeten *Agenda 21* wird in fast allen Kapiteln durchgängig auf die Bedeutung von Bildung Bezug genommen, als auch in Kapitel 36 dieses Dokuments wird gesondert Bildung, öffentliches Bewusstsein und Ausbildung thematisiert und ein entsprechender Handlungskatalog aufgestellt (BMU 1992). Mit diesem Meilenstein hat die Diskussion um die Rolle von Bildung im Zusammenhang einer nachhaltigen Entwicklung einen zentralen Bezugspunkt, worauf bildungspolitische Initiativen und Aktivitäten im nationalen Kontext seitdem immer wieder hinweisen.

Die starke Rolle, die Bildung bereits in der Agenda 21 zugeschrieben wird, wurde zehn Jahre später auf dem Weltgipfel für nachhaltige Entwicklung in Johannesburg (2002) noch einmal bekräftigt. In der Johannesburger Erklärung zur nachhaltigen Entwicklung und im Johannesburger Aktionsplan wird als Ziel gefordert, nachhaltige Entwicklung auf allen Ebenen in die Bildungssysteme zu integrieren und so Bildung in stärkerem Maße zum Schlüsselkatalysator für den Wandel zu machen (BMU 2003).

Als Maßnahme wird neben anderen die Durchführung einer Weltdekade zur Bildung für nachhaltige Entwicklung ab 2005 vorgeschlagen. Die Empfehlung der Johannesburg-Konferenz hat die Generalversammlung der Vereinten Nationen aufgenommen und für den Zeitraum 2005-2014 eine Weltdekade „Bildung für nachhaltige Entwicklung" beschlossen (UNESCO 2005b), die als weiterer Meilenstein zu verstehen ist. Mit der Dekade wird als Ziel verfolgt, durch Bildungsmaßnahmen zur Umsetzung der in Rio beschlossenen und in Johannesburg bekräftigten Agenda 21 beizutragen und die Prinzipien nachhaltiger Entwicklung weltweit in den nationalen Bildungssystemen zu verankern.

Den dritten Meilenstein stellt die übernationale Strategie „Bildung für nachhaltige Entwicklung" der UNECE[1] dar (UNECE 2005). Die Umwelt- und Bildungsminister der Mitgliedsstaaten haben 2005 diese Strategie verabschiedet. Sie soll die Einführung und die Förderung der Bildung für nachhaltige Entwicklung in den Staaten der UNECE ermöglichen und auf diese Weise dabei unterstützen, dass sich die Vision einer sich nachhaltig entwickelnden Region realisiert. Dabei hat die UNECE folgendes Verständnis von Bildung für nachhaltige Entwicklung in ihrer Strategie dargelegt:

---

[1] Die UNECE ist eine Einrichtung des Wirtschafts- und Sozialrats der Vereinten Nationen und eine von fünf regionalen Kommissionen der Vereinten Nationen, zu denen Länder wie USA und Kanada, alle europäischen Länder bis hin zu Ländern wie Kirgisien oder Usbekistan gehören.

„Die Bildung für nachhaltige Entwicklung stärkt und entwickelt die Möglichkeiten von einzelnen Personen, Gruppen, Gemeinschaften, Organisationen und Ländern, Einschätzungen und Entscheidungen zu Gunsten einer nachhaltigen Entwicklung zu treffen. Sie kann Einstellungen und fixe Meinungen von Menschen ändern, somit unsere Welt sicherer, gesünder und wohlhabender machen und dadurch die Lebensqualität verbessern. Bildung für nachhaltige Entwicklung kann zu kritischer Betrachtung, stärkerem Bewusstsein und neuer Kraft führen, wodurch neue Visionen und Konzepte entstehen und neue Methoden und Instrumente entwickelt werden können." (UNECE 2005, S. 1)

Noch vor Abschluss der UN Dekade wurde auf der UN-Weltkonferenz Rio+20 im Jahr 2012 empfohlen, Bildung für eine nachhaltige Entwicklung über die Dekade hinaus zu fördern und diese in geeigneter Form fortzusetzen. Im Herbst 2013 wurde daraufhin von der UNESCO das Weltaktionsprogramm (WAP) 2015-2019 als Fortsetzungsprogramm der UN-Dekade ausgearbeitet. Damit konnte ein weiterer nächster Meilenstein gesetzt und ein wichtiger Impuls für die internationale Umsetzung von BNE gegeben werden. Ziel des WAP ist es, BNE weiterhin aktiv in alle Bildungsbereiche zu integrieren, um damit den Prozess der nachhaltigen Entwicklung zu beschleunigen. Im Vordergrund stehen die Entwicklung und Intensivierung konkreter Maßnahmen (UNESCO 2014a).

TAB. 1:
INTERNATIONALE MEILENSTEINE EINER BILDUNG FÜR NACHHALTIGE ENTWICKLUNG

Meilensteine (international)	Hauptaktivität
1. Meilenstein	1992: Agenda 21, Kapitel 36
2. Meilenstein	2002: Beschluss der UN zur Durchführung einer Weltdekade Bildung für nachhaltige Entwicklung" (2005-2014)
3. Meilenstein	2005: UNECE Strategie "Bildung für Nachhaltige Entwicklung"
4. Meilenstein	2013: Beschluss der UNESCO zum Weltaktionsprogramm (WAP) für 2015-2019
5. Meilenstein	2015: Verabschiedung der Sustainable Development Goals (SDGs) durch die Vereinten Nationen

Quelle: Eigene Darstellung

Die Abschlussveranstaltung der Weltdekade, die Weltkonferenz „Bildung für nachhaltige Entwicklung", fand vom 10. – 12. November 2014 in Aichi-Nagoya (Japan) statt. Im Schlussbericht der UNESCO zur Dekade heißt es:

„Leadership is essential for moving from policy commitments and demonstration projects to full implementation across curriculum, teaching operations, whether in formal systems or in non-formal learning and public awareness." (UNESCO 2014b, S. 3) [2]

Als Erfolg der Dekade wird neben vielen erfolgreichen Projekten insbesondere das Aufgreifen von Bildung für nachhaltige Entwicklung von wichtigen Hauptakteuren des Bildungssektors angesehen. In der Abschlusserklärung von Nagoya verpflichten sich die UNESCO Mitgliedsstaaten, das Weltaktionsprogramm umzusetzen, und fordern alle betroffenen Stakeholder, insbesondere Bildungsministerien und andere in Bildung für nachhaltige Entwicklung involvierte Ministerien und Bildungsinstitutionen, sich für eine gemeinsame Erarbeitung von Wissen und für die Verbreitung von Bildung für eine nachhaltige Entwicklung zu engagieren (UNESCO 2014a).

Als Fortsetzung der UN Dekade „Bildung für nachhaltige Entwicklung" findet somit ab 2015 das Weltaktionsprogramm „Bildung für nachhaltige Entwicklung" (2015-2019) unter der Federführung der UNESCO statt. Ziel des Weltaktionsprogramms ist es,

„Aktivitäten auf allen Ebenen und in allen Bereichen der Bildung anzustoßen und zu intensivieren, um den Prozess hin zu einer nachhaltigen Entwicklung zu beschleunigen." (UNESCO 2014a, S. 14)

Das Programm sieht fünf Handlungsfelder vor:

Das erste Handlungsfeld betrifft die politische Unterstützung. Ziel in diesem Bereich ist die Schaffung eines günstigen Umfeldes, in dem Bildung für nachhaltige Entwicklung Potential entfalten kann, Bildungssysteme zu verändern. Dafür soll das BNE-Konzept in die Bildungs- und Nachhaltigkeitspolitik integriert und in nationale und internationale Richtlinien dieser Sektoren eingebunden werden.

Handlungsfeld zwei bezieht sich auf die ganzheitliche Transformation von Lern- und Lehrumgebungen. Hier geht es darum, Nachhaltigkeit nicht nur zu lehren, sondern direkt am Lernort zu leben. Ziel ist, neben der nachhaltigen Verwaltung von Bildungsinstitutionen die Veränderung von Werten und Strukturen von Institutionen zu erreichen.

---

[2] „Führung ist essentiell, um von politischen Bekenntnissen und Modellprojekten hin zu einer vollständigen Implementierung in Curricula und Lehrpraxis zu gelangen, sei es im formalen oder nonformalen Lernen oder dem öffentlichen Bewusstsein." (Übersetzung der Autoren)

Das dritte Handlungsfeld wird in der Kompetenzentwicklung bei Lehrenden und Multiplikatoren gesehen. Bildung für nachhaltige Entwicklung soll in die Aus- und Weiterbildung von Lehrkräften integriert werden, um sie als „Agenten des Wandels" in die Lage zu versetzen, Bildung für nachhaltige Entwicklung in der Bildungspraxis umzusetzen.

Im vierten Handlungsfeld wird der Schwerpunkt auf die Stärkung und Mobilisierung der Jugend gesetzt. Jugendliche sollen stärker an der Entwicklung politischer Strategien und deren Umsetzung im Bereich nachhaltiger Entwicklung beteiligt werden.

Die Förderung nachhaltiger Entwicklung auf lokaler Ebene stellt schließlich das fünfte Handlungsfeld des Weltaktionsprogramms dar. Vor Ort sollen Netzwerke entstehen und weiterentwickelt werden. In solchen Netzwerken kommen verschiedene Akteure zusammen, die vor Ort über Fragen der Nachhaltigkeit kommunizieren und entsprechende Lernangebote bereitstellen. Durch die Vernetzung entsprechender Akteure soll es gelingen, eine nachhaltige Entwicklung auf der lokalen Ebene von Gemeinden wirkungsvoll voranzubringen und die Qualität von Bildungsangeboten zu verbessern.

Das Weltaktionsprogramm wird von der UNESCO koordiniert und in den Staaten der Weltregionen unterschiedlich aufgegriffen. Eine Fortführung des Programms in modifizierter Form bis 2030 ist geplant.

Ein weiterer Meilenstein auf internationaler Ebene stellen die im Herbst 2015 von den Vereinten Nationen beschlossenen Sustainable Development Goals (SDGs) dar. Sie gelten gleichermaßen für Entwicklungs-, Schwellen- und Industrieländer und umfassen die ökologische, soziale und ökonomische Dimension der nachhaltigen Entwicklung sowie die inter- und intragenerationelle Gerechtigkeit. Im SDG 4, das sich auf integrative und qualitativ hochwertige Bildung bezieht, ist Bildung für nachhaltige Entwicklung von zentraler Bedeutung:

„Bis 2030 sicherstellen, dass alle Lernenden die notwendigen Kenntnisse und Qualifikationen zur Förderung nachhaltiger Entwicklung erwerben, unter anderem durch Bildung für nachhaltige Entwicklung und nachhaltige Lebensweisen, Menschenrechte, Geschlechtergleichstellung, eine Kultur des Friedens und der Gewaltlosigkeit, Weltbürgerschaft und die Wertschätzung kultureller Vielfalt und des Beitrags der Kultur zu nachhaltiger Entwicklung." (United Nations, 2015)

Hiermit wird betont, dass Bildung für nachhaltige Entwicklung für alle Bildungsbereiche relevant und systematisch zu verankern ist.

NATIONALE ENTWICKLUNGSPHASEN

Auf nationaler Ebene wurden Bildungsfragen im Kontext nachhaltiger Entwicklung zunächst von den wissenschaftlichen Beratungsgremien der Bundesregierung „Rat von Sachverständigen für Umweltfragen"

(SRU) und „Wissenschaftlicher Beirat der Bundesregierung: Globale Umweltveränderungen" (WBGU) infolge der Rio-Konferenz aufgegriffen.

Der SRU hebt in seinem Umweltgutachten 1994 das Schlüsselprinzip „Retinität" hervor, womit die Gesamtvernetzung der Kulturwelt mit der Natur gemeint ist. Die entscheidende „ökologische Schlüsselqualifikation" sieht der SRU im Verstehen dieses Prinzips, wobei davon ausgegangen wird, dass „Verstehen" zu Handeln führt. Wenn auch in diesem Gutachten nicht explizit „Bildung für nachhaltige Entwicklung" genannt wird, deuten die Ausführungen eindeutig in diese Richtung, allerdings mit einer gewissen ‚Umweltlastigkeit'. Fast zeitgleich hat sich auch der WBGU in seinen Jahresgutachten von 1993 und 1995 zu Wort gemeldet und sich u.a. mit Fragen globaler Umweltveränderungen durch den Menschen und seinen psychosozialen Einflussfaktoren beschäftigt (WBGU 1993, 1995). Da viele globale Umweltprobleme nicht unmittelbar anschaulich und erlebbar sind, kommt nach Auffassung des WBGU ihrer Vermittlung in alltäglicher Kommunikation, vor allem durch die Medien oder durch Bildungsmaßnahmen große Bedeutung zu. Nach Auffassung des WBGU sind Bildungsprozesse situationsorientiert anzulegen. Sie sollen den Lernenden einen handelnden Umgang mit Umweltproblemen (Handlungs- und Problemorientierung) ermöglichen, ohne die gesellschaftlichen Bezüge auszuklammern. Als bedeutsam werden zwei weitere Prinzipien erachtet: Antizipation und Partizipation. Dies alles sind Kriterien, die sich im Konzept einer Bildung für nachhaltige Entwicklung wiederfinden.

Gemeinsame Erkenntnis dieser beiden Sachverständigengremien SRU und WBGU ist, dass Umweltprobleme auf der politischen Ebene nicht allein administrativ, technisch oder ökonomisch gelöst werden können, sondern dass vielmehr zugleich auf der Bildungsebene ein radikales Umdenken erforderlich ist, das die Beziehung des Menschen zu seiner Umwelt auf ein neues Fundament stellt. Diese hier als reflexive Phase bezeichnete Weiterentwicklung der Diskussion um Bildung für nachhaltige Entwicklung findet schließlich auch im ersten Umweltbildungsbericht der Bundesregierung ihren Niederschlag, außerdem in einer Evaluationsstudie, in der die durchgeführten Bund-Länder-Kommission (BLK) – Modellversuche zur Umweltbildung in den verschiedenen Bildungsbereichen u.a. hinsichtlich ihrer Implementation und Dissemination untersucht wurden (de Haan et al. 1997). Sie ist gekennzeichnet durch den Übergang und die Weiterentwicklung der Umweltbildung zur Bildung für nachhaltige Entwicklung.

Ein nächster wichtiger Schritt in Richtung Bildung für nachhaltige Entwicklung war die Vorbereitung des BLK-Programms „21". Der theoretische Rahmen einer „Bildung für nachhaltige Entwicklung" wird im gleichlautenden Gutachten (de Haan & Harenberg 1999) entfaltet.

In diesem Gutachten wird der Paradigmenwechsel von der Umweltbildung zur Bildung für nachhaltige Entwicklung vollzogen und Gestaltungskompetenz als das zentrale Ziel abgeleitet. Zentral für diese konstruktive Phase der Bildung für nachhaltige Entwicklung ist die Initiierung des BLK-Programms „21", das im Sommer 1999 für den schulischen Sekundarbereich gestartet wurde. Dieses Programm wurde bis Mitte 2004 im Rahmen der gemeinsamen Bildungsplanung von Bund und Ländern durchgeführt mit dem Ziel, Bildung für nachhaltige Entwicklung modellhaft in die schulische Praxis zu integrieren. In diese Phase, in der die konzeptionelle Konkretisierung einer Bildung für nachhaltige Entwicklung sowohl bildungstheoretisch als auch bildungspraktisch im Vordergrund steht, fällt auch der erste Bericht der Bundesregierung zur Bildung für nachhaltige Entwicklung (BMBF 2002).

Zu der expansiven Phase der Bildung für eine nachhaltige Entwicklung hat das BLK-Programm „Transfer-21" maßgeblich beigetragen, mit dem zwischen 2004 und 2008 die im vorangegangenen BLK-Programm „21" erarbeiteten Konzepte und Materialien an fast 5.000 Schulen in 13 Bundesländern etabliert und ausgebaut werden konnten. In das Programm wurden Grund- und Ganztagsschulen sowie die Aus- und Fortbildung von Lehrerinnen und Lehrern integriert, um die Bildung für nachhaltige Entwicklung in größerem Umfang zu verankern (vgl. www.transfer-21.de). Des Weiteren sind die Ergebnisse von „BLK 21" für andere Bildungsbereiche fruchtbar gemacht worden. Auch im außerschulischen Bereich z.B. wurden vielfältige Aktivitäten zur Förderung einer Bildung für nachhaltige Entwicklung unternommen (vgl. z. B. Dieckmann et al. 2006). Zentral für die nächste Phase ist die UN-Dekade „Bildung für nachhaltige Entwicklung." Sie kann als Motivationsphase charakterisiert werden, da sie darauf abzielte, Bildung in alle Bildungsbereiche hineinzutragen und die verschiedenen Bildungsakteure zu ermuntern, Bildung für nachhaltige Entwicklung in ihre Aufgabenbereiche zu integrieren.

Die Deutsche UNESCO-Kommission (DUK) hat für die Durchführung der Dekade eine koordinierende Funktion übernommen und bereits 2003 mit der „Hamburger Erklärung" weit reichende Empfehlungen beschlossen. In der Erklärung heißt es:

„Die Deutsche UNESCO-Kommission fordert alle Verantwortlichen in Bund, Ländern und Gemeinden sowie interessierte Institutionen der Wirtschaft, Einrichtungen von Forschung und Lehre und der Zivilgesellschaft auf, sich zu einer ,Allianz Nachhaltigkeit lernen' zusammenzufinden, um einen gemeinsamen Aktionsplan für die Dekade zu entwickeln und Programme und Koordinationsmechanismen für deren Umsetzung zu schaffen." (DUK 2003, S. 1)

Ein von der Deutschen UNESCO-Kommission eingesetztes Nationalkomitee versammelte Expertinnen und Experten aus Wissenschaft,

Kultur und Medien, Vertreter des Bundestages, der Bundesregierung und der Kultusministerkonferenz sowie Persönlichkeiten, die sich in der Öffentlichkeit für die Idee der Nachhaltigkeit einsetzen. Das Nationalkomitee wurde von der Deutschen UNESCO-Kommission für die Dauer der Dekade als beratendes und steuerndes Gremium berufen. In regelmäßigen Abständen lud das Nationalkomitee zu einem Runden Tisch „Allianz Nachhaltigkeit Lernen" ein, dessen Mitglieder an der Umsetzung der UN-Dekade in Deutschland mitwirken sollten. Hier waren Institutionen und Projekte aus allen Bildungsbereichen vertreten, die wesentliche Beiträge zur Gestaltung der Dekade leisten.

Während der Dekade bestand die Möglichkeit, geeignete Projekte und Initiativen aus Deutschland, die dem Ziel der Bildung für eine nachhaltige Entwicklung entsprechen, als offizielle Initiativen für die „Allianz Nachhaltigkeit Lernen" anerkennen zu lassen. Bis zum Ende der Dekade konnten etwa 2.000 Projekte und Initiativen ausgezeichnet werden. Im November 2014 fand in Bonn die nationale Abschlussveranstaltung statt, um Bilanz über die Aktivitäten und Auswirkungen der Dekade in Deutschland zu ziehen. Deutlich wurde, dass wichtige Akteure und Netzwerke der Bildung für nachhaltige Entwicklung gestärkt und viele Beispiele guter Praxis dokumentiert und initiiert wurden. Das Verständnis von Bildung für nachhaltige Entwicklung in Deutschland konnte sich deutlich weiterentwickeln. In einer abschließenden Erklärung der Konferenzteilnehmer wurde festgehalten, dass weiterhin eine stärkere Verankerung von Bildung für nachhaltige Entwicklung in der Gesellschaft und eine Intensivierung der Bemühungen auf allen Ebenen notwendig sind (DUK 2014).

TAB. 2:

NATIONALE ENTWICKLUNGSPHASEN EINER BILDUNG FÜR NACHHALTIGE ENTWICKLUNG

Phasen (national)	Aktivitäten
Reflexive Phase	Wissenschaftliche Gutachten; Evaluation; Umweltbildungsbericht
Konstruktive Phase	BLK-Orientierungsrahmen; BLK-Programm „21"; Erster Bericht „Bildung für nachhaltige Entwicklung" der Bundesregierung
Expansive Phase	Programm „Transfer-21"
Motivationsphase	UN-Dekade „Bildung für nachhaltige Entwicklung"
Implementationsphase	Umsetzung des Weltaktionsprogramms (WAP), Nationaler Aktionsplan „Bildung für nachhaltige Entwicklung"

Quelle: Eigene Darstellung

Unter der Federführung des Bundesministeriums für Bildung und Forschung (BMBF) findet die Weltdekade eine Fortführung und wird das Weltaktionsprogramm auf nationaler Ebene umgesetzt, womit eine neue Phase eingeleitet wird: die Implementationsphase. Das Weltaktionsprogramm findet auf nationaler Ebene in den fünf bereits beschriebenen Hauptfeldern statt. Zur Umsetzung wurde eine Plattform mit Vertreterinnen und Vertretern aus Politik, Verwaltung, Wirtschaft, Wissenschaft, Bildungsinstitutionen und Nichtregierungsorganisationen mit dem Ziel eingerichtet, einen Nationalen Aktionsplan „Bildung für nachhaltige Entwicklung" zu erarbeiten. Unterstützt wird die Plattform durch sechs Fachforen, in denen die darin mitarbeitenden Expertinnen und Experten die verschiedenen Bildungsbereiche sowie die Kommunen vertreten. Die Hauptaufgabe dieser Foren besteht darin, einen Beitrag aus Sicht des jeweiligen Bildungsbereichs zum Nationalen Aktionsplan zu leisten. Der Nationale Aktionsplan wurde im Sommer 2017 verabschiedet und von der Bundesregierung zustimmend zur Kenntnis genommen. Seitdem werden die darin enthaltenen Maßnahmen weiter konkretisiert und den verantwortlichen Stellen zur Umsetzung empfohlen.

Das Konzept „Bildung für nachhaltige Entwicklung"
4

Mit der konzeptionellen Weiterentwicklung von der Umwelterziehung zur Bildung für nachhaltige Entwicklung ging zum einen eine Erweiterung der Inhalte und Themen einher. Das Konzept der Bildung für nachhaltige Entwicklung vereint Ansätze der Umweltbildung und der entwicklungspolitischen Bildung sowie der Friedenserziehung, der Gesundheitserziehung und der politischen Bildung (BLK 1998, S. 25). Ihre jeweiligen Inhalte und Schwerpunkte werden unter der Perspektive einer nachhaltigen Entwicklung aufeinander bezogen. Bildung für nachhaltige Entwicklung versucht damit zu einem Verständnis komplexer Zusammenhänge beizutragen, die allein von der Umweltbildung oder der entwicklungspolitischen Bildung nicht aufgezeigt werden können. Zum anderen sind mit dem Konzept der Bildung für nachhaltige Entwicklung darüber hinaus grundsätzliche Neuausrichtungen verbunden. Während sich sogenannte Bindestrich-Pädagogiken, wie die Umwelterziehung, vorrangig als ein pädagogischer Beitrag zur Bewältigung gezielter Problemlagen auffassen lassen, entwickelte sich Bildung für nachhaltige Entwicklung in weit deutlicherem Maße als ihre Vorgänger zu einem eigenständigen und innovativen Bildungskonzept. Als solches beansprucht Bildung für nachhaltige Entwicklung nicht nur, einen Beitrag zur Erreichung einer nachhaltigen Entwicklung zu leisten, sondern auch, individuelle Bildungsprozesse zu befördern und diese anzustiften. In diesen beiden Zielsetzungen treffen zwei Ansprüche aufeinander, die ein klassisches pädagogisches Spannungsverhältnis beschreiben: zum einen die Ansprüche des Individuums auf Entfaltung von Neigungen, Anlagen und Interessen sowie auf Entwicklung von Mündigkeit und Selbstbestimmung; zum anderen die politischen und volkswirtschaftlichen Ansprüche im Hinblick auf die Bewältigung spezifischer gesellschaftlicher Problemlagen und die Bedienung spezifischer Qualifizierungsbedarfe. Vor dem Hintergrund dieses Spannungsverhältnisses ist eine fortwährende Herausforderung, zwischen gesellschaftlichen bzw. gesellschaftspolitischen und pädagogischen Ansprüchen so zu vermitteln, dass eine pädagogische Auseinandersetzung mit zentralen gesellschaftlichen Herausforderungen Bildungsprozesse ermöglicht, jedoch eine Instrumentalisierung von Bildung im Sinne einer affirmativen Umsetzung einer gesellschaftspolitischen Agenda unterbleibt. Auf Bildung für nachhaltige Entwicklung bezogen lässt sich dieses Spannungsverhältnis wie folgt zuspitzen: inwiefern sollte Bildung die Lösung von Nachhaltigkeitsproblemen (und damit gesellschaftspolitische Zwecke) oder die Ermächtigung Einzelner (und damit selbstzweckliche Ziele) als leitende Zielsetzung verfolgen? Die eine Seite will die Lernenden vor einer politischen Vereinnahmung zur Erreichung konkreter Steuerungsziele bewahren und lehnt messbare Nachhaltigkeitserfolge (z.B. ein nachhaltiges Konsumverhalten bei Lernenden) als Kriterium zur Ausrichtung und Erfolgsbeurteilung pädagogischer Arbeit ab. Dagegen verweisen Vertreterinnen und Vertreter der anderen Seite darauf, dass Bildung für nachhaltige Entwicklung ihr Ziel verfehle und obsolet würde, wenn sie eben keine solchen Beiträge zu Verbesserungen im Sinne nachhaltiger Entwicklung zu leisten vermöge.

Diese „Gretchenfrage" der Bildung für nachhaltige Entwicklung wurde in der internationalen Diskussion intensiv und kontrovers diskutiert. In jüngerer Zeit zeichnete sich eine dritte Position ab, die den Versuch darstellt, die beiden zuvor genannten Pole nicht als Gegensatzpaare, sondern als zwei Seiten einer Medaille aufzufassen. Auf breite Zustimmung ist die Unterscheidung zwischen zwei Arten von Bildung für nachhaltige Entwicklung gestoßen, die sich als BNE-1 und BNE-2 bezeichnen lassen. Vare und Scott (2007), die diesen Vorschlag vorbrachten, argumentieren, dass Bildung für nachhaltige Entwicklung beides leisten solle und müsse: sowohl Menschen dazu befähigen, konkrete und weitgehend konsensuale Veränderungen im Sinne nachhaltiger Entwicklung unterstützen zu können (BNE-1), als auch sie zum grundsätzlichen Hinterfragen von Positionen, die Gültigkeit beanspruchen und zur Mitwirkung bei der Klärung offener Fragen anzustiften (BNE-2). Einer solch vermittelnden Position sind auch jüngere Versuche zuzurechnen, sogenannte Schlüsselkompetenzen zu bestimmen, die quer zu einzelnen normativen Positionen von übergreifender Bedeutung sowohl für das individuelle gelingende Leben als auch eine gesellschaftliche nachhaltige Entwicklung sind (Fischer & Barth 2014).

Mit dem Eintritt in die Implementationsphase lässt sich erkennen, dass Bildung für nachhaltige Entwicklung heute als ein eigenständiges Bildungskonzept zu verstehen ist, das in Bezug auf didaktische Arrangements und die damit angestrebten Zielsetzungen eine deutliche Weiterentwicklung zu traditionellen Ansätzen ökologischer und entwicklungspolitischer Erziehung und Bildung darstellt.

KONZEPTIONELLE NEUAUSRICHTUNGEN DER BNE

Quelle: Eigene Darstellung

VON BEDROHUNGS- ZU MODERNISIERUNGSSZENARIEN
Ein wesentlicher Perspektivwechsel, der mit dem Ansatz einer Bildung für nachhaltige Entwicklung einhergeht, ist der Wechsel „von einem

Bedrohungs- zu einem Modernisierungsszenario" (de Haan 2006, S. 5). Damit ist gemeint, Themen- und Handlungsfelder der Nachhaltigkeit nicht allein zu problematisieren, sondern aktiv nach Veränderungs- und Gestaltungsmöglichkeiten zu suchen. Dass dies keine leichte Aufgabe ist, zeigt das Beispiel der Diskussion um nachhaltigen Konsum, die nach wie vor sehr stark bestimmt ist von Problemen der Nicht-Nachhaltigkeit. In einer gestaltenden Modernisierungsperspektive hingegen ist zu fragen, wie neue und proaktive Wege zur Förderung eines nachhaltigen Konsums aussehen können. Dabei wären weniger „problematisierende" und „defizitorientierte" Ideen und Ansätze gefragt, die lediglich nicht-nachhaltigen Konsum bekämpfen und „abstellen" möchten. Vielmehr wäre danach zu fragen, wie sich menschliche Bedürfnisse (z. B. nach Identität und sozialer Zugehörigkeit) nicht primär über Konsumgüter (z. B. jede Woche ein neues Outfit), sondern immateriell (z. B. durch gemeinsame Projekte und Aktivitäten) befriedigen ließen (Schlegel-Matthies 2002).

VON MORALISIERUNGS- ZU WERTKLÄRUNGSANSÄTZEN

Nachhaltige Entwicklung ist kein deskriptives, sondern ein ausdrücklich normatives Konzept. Es beschreibt nicht, wie die Welt ist, sondern wie sie werden soll. Dabei spielen Werte eine wichtige Rolle. Für nachhaltige Entwicklung sind Werte wie inter- und intragenerative Gerechtigkeit, Menschenwürde oder der Erhalt natürlicher Lebensgrundlagen zentral. Sie stehen daher zwangsläufig auch in der Bildung für nachhaltige Entwicklung im Fokus (Stoltenberg 2009). Wie aber soll mit diesen Werten pädagogisch angemessen umgegangen werden?

In der europäischen Diskussion lässt sich nachzeichnen, dass diese Werte in einer frühen Phase ab etwa den 1980er Jahren v.a. im Bereich der Umweltbildung und der Gesundheitspädagogik zum Ausgangspunkt pädagogischer Arbeit gemacht wurde. In dieser sogenannten „normativen" Phase wurde die Zielsetzung verfolgt, dass Lernende auf der Grundlage wissenschaftlicher Befunde zum Zustand des Planeten umweltfreundliche Werte und Verhaltensweisen entwickeln sollten (Sandell et al. 2005, S. 162ff.). Ökologische Inhaltsfelder von Lehr-/Lernprozessen wurden dem Problematisierungsschema folgend vor allem in ihren Gefährdungs- und Bedrohungsgehalten thematisiert. Mit dem Konzept der Bildung für nachhaltige Entwicklung ist eine Erweiterung dieses Ansatzes verbunden. Es geht nun weniger darum, Werte pädagogisch zu vermitteln, sondern vielmehr darum, Lernende in eine Auseinandersetzung mit ihren Werthaltungen und dem Wertekanon zu bringen, der ihnen mit der Idee der Nachhaltigkeit begegnet.

VON VERHALTENSVORGABEN ZU KOMPETENTEM ENTSCHEIDEN

Die Abkehr von der Vermittlung konkreter Einstellungen und Verhaltensweisen vollzog sich in der bundesdeutschen Diskussion um Umweltbildung bzw. Bildung für nachhaltige Entwicklung Mitte der 1990er Jahre. Im Gutachten zum bundesweiten schulischen Erprobungsversuch von BNE in den Programmen „BLK-/Transfer-21" wird diese Problematik im Zusammenhang mit Befunden der Umweltbildungs- und Umweltbewusstseinsforschung reflektiert: „Von der kurzgeschlossenen Intention, eine unmittelbare Kausalität zwischen dem schulischen Aufgabenfeld – hier der Umweltbildung – und alltagspraktischer Verhaltensmodifikation zu vermitteln, abzurücken, scheint somit dringend geboten. Denn ein so gestalteter Unterricht unterliegt immer – und zu Recht – dem Verdacht, mehr auf Manipulation und Indoktrination zu setzen denn auf Reflexion, Eigenständigkeit und Gestaltungsfreiheit von Lebenssituationen" (de Haan & Harenberg 1999, S. 42). Sowohl die „pädagogische Unredlichkeit" als auch das schulische „Überwältigungsverbot"[3] sprechen gegen pädagogische Programme, die auf direkte Verhaltensänderung abzielen. Allgemein verbiete es sich, pädagogisch Normen und konkrete Ziele durchzusetzen, die „nicht in partizipativen Prozessen gemeinsam entwickelt wurden und befürwortet werden" (ebd.). Aus dieser Begründungslinie folgt, weshalb „nur die regulative Idee der nachhaltigen Entwicklung, nicht deren kontextgebundene Konkretisierungen" (Künzli David & Kaufmann-Hayoz 2008, S. 14) Grundlage entsprechender Bildungsangebote sein könne. Unter solche kontextgebundenen Konkretisierungen fallen auch verhaltensbezogene Lernziele zu nachhaltigen Konsumweisen (z. B. der Kauf fair gehandelter Produkte). Dieser Einwand ist keinesfalls als eine Aufforderung misszuverstehen, in der pädagogischen Praxis auf die Behandlung abstrakter Konzepte anstelle konkreter Phänomene zu setzen. Bildung bedarf der didaktischen Reduktion, des handelnden Erprobens und des Exemplarischen (Wagenschein 1997). Die Kritik wendet sich vielmehr gegen eine Indienstnahme von Bildungseinrichtungen, nach der ihnen vornehmlich die Aufgabe zukommt, „von den Wissenschaften oder der Politik als richtig erkannte Maßstäbe und Maßnahmen an die Öffentlichkeit zu vermitteln, sowie für deren Akzeptanz und Umsetzung zu sorgen" (Müller 2000, S. 9). Nachhaltigkeitsbezogene Interventionen im pädagogischen Feld finden, so die vorherrschende Position in der

---

[3] Mit dem Terminus Überwältigungsverbot (auch Indoktrinationsverbot) wird auf eine Formulierung des sog. „Beutelsbacher Konsens" für die politische Bildung Bezug genommen, die besagt: „Es ist nicht erlaubt, den Schüler – mit welchen Mitteln auch immer – im Sinne erwünschter Meinungen zu überrumpeln und damit an der Gewinnung eines selbständigen Urteils zu hindern." (Wehling 1977, S. 179)

bundesdeutschen Debatte zu Bildung zu nachhaltiger Entwicklung, „ihre Grenze in der Ermöglichung nachhaltigen und gerechten Handelns" (de Haan et al. 2008, S. 123).

Kritik an Verhaltensänderungen als Ziel pädagogischen Handelns im Kontext einer Bildung für nachhaltige Entwicklung wird mit einer ganz anderen Begründung geäußert (de Haan & Harenberg 1998). Die exponentielle Wissensproduktion unserer Zeit führt, so der Einwand, zu einem in sich heterogenen Bestand verfügbaren Wissens, der sich angesichts neuer wissenschaftlicher Erkenntnisse dynamisch verändert. Angesichts der damit verbundenen Unsicherheiten und geringen Halbwertszeiten heutiger Wissensbestände über den Zustand und mögliche Lösungswege globaler Problemlagen, muss es demnach einer am Leitbild der nachhaltigen Entwicklung ausgerichteten Bildung vielmehr darum gehen, Lernende auch unter sich verändernden Bedingungen handlungsfähig zu machen und sie zur aktiven Mitgestaltung einer nachhaltigen Entwicklung befähigen.

Als oberstes Lernziel in der bundesdeutschen Diskussion um Bildung für nachhaltige Entwicklung wurde vor diesem Hintergrund das Konzept der „Gestaltungskompetenz" formuliert. Gestaltungskompetenz bezeichnet „das nach vorne weisende Vermögen, die Zukunft von Sozietäten, in denen man lebt, in aktiver Teilhabe im Sinne nachhaltiger Entwicklung modifizieren und modellieren zu können" (de Haan & Harenberg 1999, S. 62). In einer etwas weniger ‚dichten' Bestimmung des Konzeptes lässt sich Gestaltungskompetenz verstehen als die Fähigkeit, „Wissen über nachhaltige Entwicklung anwenden und Probleme nicht nachhaltiger Entwicklung erkennen zu können. Das heißt, aus Gegenwartsanalysen und Zukunftsstudien Schlussfolgerungen über ökologische, ökonomische und soziale Entwicklungen in ihrer wechselseitigen Abhängigkeit ziehen und darauf basierende Entscheidungen treffen, verstehen und individuell, gemeinschaftlich und politisch umsetzen zu können, mit denen sich nachhaltige Entwicklungsprozesse verwirklichen lassen" (Programm Transfer-21 2007, S. 12). Der abstrakte Terminus überschreibt dabei eine Reihe ausdifferenzierter und weiter ausdifferenzierbarer Teilkompetenzen. De Haan et al. (2008) formulieren entsprechende Teilkompetenzen:

- *Kompetenz zur Antizipation:* Vorausschauendes Denken und Handeln ermöglicht es, Entwicklungen für die Zukunft zu bedenken sowie Chancen und Risiken von aktuellen und künftigen, auch unerwarteten Entwicklungen zu thematisieren.
- *Kompetenz, interdisziplinär zu arbeiten:* Ein angemessener Umgang mit Komplexität erfordert das Erkennen und Verstehen von Systemzusammenhängen. Das Verstehen des Prinzips der Retinität, der „Gesamtvernetzung" aller menschlichen Tätigkeiten und

Erzeugnisse mit der sie tragenden Natur, ist von fundamentaler Bedeutung.

- *Kompetenz zur Perspektivübernahme:* Phänomene sollen in ihrem weltweiten Bindungs- und Wirkungszusammenhang erfasst und lokalisiert werden, Lösungen für globale Probleme in weltweiten Kooperationen gesucht werden.
- *Kompetenz zum Umgang mit unvollständigen und überkomplexen Informationen:* Risiken, Gefahren und Unsicherheiten sollen erkannt und abgewogen werden können.
- *Partizipationskompetenz:* Von zentraler Bedeutung für eine zukunftsfähige Bildung ist die Fähigkeit zur Beteiligung an nachhaltigen Entwicklungs- und Gestaltungsprozessen.
- *Kompetenz zur Kooperation:* Hierbei geht es darum, gemeinsam mit anderen planen und handeln zu können.
- *Kompetenz zur Bewältigung individueller Entscheidungsdilemmata:* Zielkonflikte bei der Reflexion über Handlungsstrategien zu berücksichtigen, ist von Bedeutung, um mit Entscheidungsdilemmata umgehen zu können.
- *Fähigkeit zur Empathie und zur Solidarität:* Das Konzept der Nachhaltigkeit ist eng mit dem Ziel verbunden, mehr Gerechtigkeit zu befördern. Sich in diesem Sinne engagieren zu können, macht es erforderlich, individuelle und kollektive Handlungs- und Kommunikationskompetenzen im Zeichen weltweiter Solidarität auszubilden.
- *Kompetenz, sich und andere motivieren zu können:* Sich mit Nachhaltigkeit zu befassen und Zukunft in ihrem Sinne zu gestalten, erfordert ein hohes Maß an Motivation.
- *Kompetenz zur Reflexion über individuelle wie kulturelle Leitbilder:* Es geht darum, das eigene Verhalten als kulturell bedingt wahrzunehmen und sich mit gesellschaftlichen Leitbildern auseinandersetzen zu können.
- *Kompetenz zum moralischen Handeln:* Vorstellungen von Gerechtigkeit als Entscheidungs- und Handlungsgrundlage nutzen können, ist eine wichtige Voraussetzung, um das eigene Handeln im Sinne einer nachhaltigen Entwicklung gestalten zu können.

Bildung für nachhaltige Entwicklung mit ihrem Ziel der Gestaltungskompetenz ist damit in hohem Maße anschlussfähig an die internationale Debatte um Kompetenzen, die infolge der PISA-Studie (internationale Vergleichsstudie der OECD zum Bildungsstandard) stattgefunden hat. Auch in dieser Hinsicht präsentiert sich Bildung für nachhaltige Entwicklung als ein Konzept, das übergreifende Bildungsrelevanz jenseits der reinen Auseinandersetzung mit Nachhaltigkeitsfragen hat.

Frühere Ansätze der Umweltbildung zielten in ihrer Ausrichtung maßgeblich auf die Vermittlung wissenschaftlicher Befunde und konkreter Werthaltungen, Einstellungen und Verhaltensweisen ab. Das Konzept der Bildung für nachhaltige Entwicklung lässt sich gegenüber diesen früheren Ansätzen als ein Konzept der pluralistischen Tradition umwelt- und entwicklungsbezogener Bildungsansätze betrachten (Sandell et al. 2005). Ziel ist es nicht mehr, Lernende zur Entwicklung vorbestimmter Sichtweisen und Haltungen anzuregen. Der Fokus liegt vielmehr darauf, verschiedene Positionen in nachhaltigkeitsbezogenen Diskussionen offenzulegen, ihre Annahmen und (Un-)Verträglichkeiten zu prüfen und demokratische Wege der Konflikt- und Problemlösung zu erörtern. Diese Reflexivität bezieht sich dabei ausdrücklich auch auf die Ausgestaltung der Lehr-/Lernarrangements selbst.

Bildung für nachhaltige Entwicklung ist in dieser kritischen und verständigungsorientierten Ausrichtung stets auch als ein Ansatz Politischer Bildung zu verstehen. Schließlich richtet sich der in der Bildung für nachhaltige Entwicklung enthaltene Zukunftsbezug nicht nur auf den Entwurf einer individuell verantwortlichen Zukunft. Es geht vielmehr darum, individuelles Handeln auch im Hinblick auf derzeitige und künftige gesellschaftliche, politische Auswirkungen – vor allem unter einer globalen Perspektive – reflektieren und sich in deren zukunftsfähige Gestaltung produktiv einmischen zu können. In den Fokus rücken somit nicht nur Veränderungen der privaten Lebensführung, nicht nur um die Reduzierung unserer „ökologischen Rucksäcke" und unserer „ökologischen Fußabdrücke", sondern auch und vor allem um ein öffentliches Engagement für erneuerbare Energien, für die Verringerung der CO_2-Emissionen, für den Artenschutz und die Erhaltung der Regenwälder, um nur einige Beispiele zu nennen.

Zur Aufgabe der Politischen Bildung im Kontext von Nachhaltigkeit gehört neben den vorher genannten Kompetenzen auch die Auseinandersetzung mit und die Kritik am Lobbyismus in Ministerien und Regierungen oder die Transparenz wirtschaftlicher Interessen. Ebenso ist die Analyse der Medienberichterstattung dazuzurechnen. Aufschluss über die Techniken der Propaganda, der Meinungsbildung und der Vertretung partieller Interessen geben vor allem Fernsehtalkshows. In seinem Buch „Meinungsmache" hat Albrecht Müller darauf hingewiesen, dass in Wahrheit die wichtigsten Entscheidungen in kleinen Zirkeln fallen. „Sie sind geprägt von einer auf den eigenen Vorteil bedachten Selbstbedienungsmentalität. Das Volk wird wenig gefragt, weil man sich in den Führungsetagen der eigenen Meinungsbildungsmacht bewusst ist. Man braucht die Rückkopplung nicht. Man braucht das Volk für Entscheidungen nicht." (Müller 2009, S. 37)

Bildung für eine nachhaltige Entwicklung hat sich deshalb auch mit politischen Schlüsselbegriffen wie Macht, Interesse, Konflikt, Kompromiss oder Demokratie auseinander zu setzen. Vieles spricht dafür, dass in den vergangenen Jahrzehnten ohne bürgerschaftliches Engagement für nachhaltige Entwicklung eine weniger progressive (Nachhaltigkeits-)Politik praktiziert worden wäre. Politische Bildung für nachhaltige Entwicklung beinhaltet nicht nur Systemkritik, sondern auch Partizipation, konstruktive Mitbestimmung, Engagement in Parteien, Gewerkschaften oder Nichtregierungsorganisationen.

VON DER WISSENSFOKUSSIERUNG ZU HANDLUNGSMÖGLICHKEITEN

Früheren Ansätzen der Umweltbildung war gemein, dass das Hauptaugenmerk auf der Vermittlung wissenschaftlicher Befunde lag (education about the environment). Eine rein faktenbasierte pädagogische Auseinandersetzung mit ökologischen Fragestellungen sah sich dabei zum Teil heftiger Kritik ausgesetzt. Ein Hauptkritikpunkt richtete sich darauf, dass sich Umweltbildung von einer naturwissenschaftlichen ökologischen Bildung eben darin unterscheide, dass ihr Gegenstandsbereich gerade nicht die Vermittlung naturwissenschaftlichen Wissens sei, sondern Fragen, Problemfelder und Interessenskonflikte menschlicher Naturnutzung beinhalte (Breiting & Morgensen 1999). Im nordeuropäischen Kontext wurde aus dieser Kritik heraus vorgeschlagen, die systematische Förderung von demokratischer Handlungskompetenz (action competence) zum Ziel einer an Nachhaltigkeit ausgerichteten Bildung zu machen (Jensen & Schnack 1997). Der Handlungsbegriff darin bezieht sich ausdrücklich auf die Befähigung, Veränderungen und Problemlösungen herbeizuführen. Auch der Kompetenzbegriff ist prinzipiell handlungsrelevant. Kompetenzen ohne alltags- und berufspraktische Konsequenzen sind halbiert und folgenlos. Auch das in Deutschland vorrangige Konzept der Gestaltungskompetenz impliziert Handlungsmöglichkeiten – es geht stets darum, ‚aktiv' zu werden. Zu bedenken ist dabei jedoch stets eine Besonderheit des Handlungsbegriffs: er schließt die Negation mit ein. Anders formuliert: Kompetenzmodelle im Kontext einer Bildung für nachhaltige Entwicklung erfordern mehr denn je auch ein Unterlassungshandeln, d. h. auch: Energiesparen, Einschränkung von Mobilität oder weniger Importprodukte. Schließlich richtet sich ein weiterer aktueller Strang der Diskussion um Bildung für nachhaltige Entwicklung darauf, dass Handlung nicht die natürliche Folge des Erwerbs von Wissen, Einstellungen und Werten darstellt. Vielmehr wird angeregt, über Handlungserfahrungen selbst Lernprozesse anzuregen und die Losung „vom Wissen zum Handeln" somit absichtsvoll zur Losung „vom Handeln zum Wissen" umzukehren (Kruse 2013).

Umsetzung von Bildung für nachhaltige Entwicklung

5

1. INHALTE UND THEMEN
2. METHODISCHE UMSETZUNG
3. INFORMELLES LERNEN UND DIE UMFASSENDE GESTALTUNG VON BILDUNGSEINRICHTUNGEN

Die bisherigen Ausführungen haben die historische Entwicklung der Diskussion um Bildung für nachhaltige Entwicklung nachgezeichnet und wesentliche Charakteristika des Bildungskonzeptes benannt, die es von Ansätzen der früheren Umweltbildung abgrenzen. Im Folgenden nun richtet sich der Blick auf Fragen der konkreten Umsetzung: Wie lässt sich Bildung für nachhaltige Entwicklung in didaktischer und methodischer Hinsicht pädagogisch ausgestalten? Welche Inhalte und Themen markieren den Gegenstandsbereich einer Bildung für nachhaltige Entwicklung? Welche Methoden und Lehr-Lern-Ansätze sind geeignet, die Ziele einer Bildung für nachhaltige Entwicklung zu erreichen? Und wie lassen sich Lernumwelten so gestalten, dass sie formales und informelles Lernen gleichermaßen anregen?

**5.1
Inhalte und
Themen**

Auch wenn bei der Bildung für eine nachhaltige Entwicklung dem Erwerb von Kompetenzen die zentrale Bedeutung zukommt, ist es nicht beliebig, an welchen Inhalten und Themen diese ausgebildet werden. Wissenschaftliche Studien, gesellschaftliche Erfahrungen und der Diskurs darüber haben solche Bereiche identifiziert, die für die Gestaltung einer nachhaltigen Entwicklung zentral sind. Zu den großen Herausforderungen des Globalen Wandels gehören Klimawandel, Bevölkerungsentwicklung, Welternährung, Biodiversität, Bodendegradation und Trinkwasserversorgung (Reid et al. 2010; WBGU 2011). Vereinbarungen wie die Biodiversitätskonvention oder die verschiedenen Konventionen zur kulturellen Vielfalt (UNESCO 2003; UNESCO 2005b) geben weitere Hinweise zu wichtigen Themenfeldern und Teilzielen von Bildung für nachhaltige Entwicklung. Die Bonner Erklärung betont, dass es notwendig ist, den Umgang mit „Handlungsfeldern und Themen, darunter Wasser, Energie, Klimawandel, Katastrophenvorsorge, Verlust der Artenvielfalt, Nahrungsmittelkrisen, Gesundheitsgefährdungen, soziale Verwundbarkeit und Unsicherheit" (UNESCO 2009, Absatz 7) zu lernen.

Für die Auswahl der Themen sind Kriterien erforderlich. Eine Möglichkeit der Themenauswahl ist es, dem Selektionsverfahren des WBGU für die Identifikation von relevanten Umweltsyndromen zu folgen und für den Zuschnitt von Themenstellungen einer Bildung für nachhaltige Entwicklung zu nutzen (de Haan 2002, S. 16f.).

- *Zentrales lokales und/oder globales Thema für nachhaltige Entwicklungsprozesse:* Es sollte eine Auseinandersetzung mit den Auswirkungen, den Ursachen und den möglichen Lösungsansätzen der globalen Probleme im Mittelpunkt stehen. Hierbei kommt es aber darauf an, dass es möglich ist, einen Bezug zwischen der globalen Problemlage und der eigenen Lebenswirklichkeit herzustellen. Von didaktischer Relevanz sind also besonders Fragestellungen, bei denen die Wechselwirkungen zwischen lokalem Handeln und globalem Wandel erfahrbar werden.

- *Längerfristige Bedeutung:* Bildung für nachhaltige Entwicklung sollte Inhalte favorisieren, die eine dauerhafte Aufgabe darstellen, da sie ihren Fokus auf die Möglichkeit der Gestaltung von Zukunft richtet. Auch tagesaktuelle Themen können aufgegriffen werden, wenn sie auf ihre längerfristige Bedeutung hin beleuchtet werden.

- *Differenziertheit des Wissens:* Es sollten Themen bevorzugt werden, über die ein differenziertes Wissen existiert, damit eine Pluralität in der Bearbeitung gewährleistet werden kann.

- *Handlungspotenzial:* Von besonderer Bedeutung sind zudem Themen, die ein Handlungspotenzial mit sich bringen und damit konkretes Engagement und die Partizipation an Gestaltungsprozessen ermöglichen. Die Möglichkeit, etwas zu tun, motiviert zur Auseinandersetzung mit dem Thema.

Zu den Kernthemen für die BNE zählen vor diesem Hintergrund z. B. Konsum, Energiegewinnung und Energieverbrauch, Mobilität, Ernährung und Landwirtschaft, Wohnformen und Baustoffe sowie Flächenverbrauch und Bodenbelastung (de Haan et al. 1997; de Haan 2002). Es handelt sich dabei um Themenfelder, die unseren Alltag bestimmen. Menschen jeden Alters und in unterschiedlichen Lebenslagen können Bezüge zu ihnen herstellen bzw. verfügen über Erfahrungen in diesen Feldern. Diese Themenfelder sind komplex und stehen in vielfachen Wirkungszusammenhängen (Stoltenberg 2009). Darin liegt die Chance, sie so zu bearbeiten, dass Gestaltungsmöglichkeiten im Sinne nachhaltiger Entwicklung zum Bildungsinhalt werden.

Angesichts der Herausforderung einer nachhaltigen Entwicklung kommt einigen Themenfeldern eine prioritäre Bedeutung für Bildungsprozesse zu. Entscheidend für den Aufbau von Wahrnehmung, Wissen und Kompetenzen im Sinne nachhaltiger Entwicklung sind jedoch die Perspektiven, unter denen Themenfelder bearbeitet werden. So können auch ganz andere Themen zum Gegenstand von Bildungsprozessen werden. Die Perspektiven und Arbeitsweisen, unter denen eine Auseinandersetzung mit diesen Handlungs- und Themenfeldern erfolgt, sind zum einen bereits durch den Werterahmen einer nachhaltigen Entwicklung gegeben; er bietet Orientierung für Aushandlungsprozesse und die Entwicklung von Beurteilungskompetenz mit einer integrierenden Sichtweise. Des Weiteren eröffnen die Nachhaltigkeitsstrategien Effizienz-, Konsistenz-, Suffizienz-Strategien (Huber 1995) sowie darüber hinaus die Gerechtigkeits- und Bildungsstrategie (Stoltenberg & Michelsen 1999) fruchtbare Perspektiven für die Analyse und für die Suche nach Gestaltungsmöglichkeiten. Das schließt ein, dass sowohl die regionale als auch die globale Perspektive einbezogen wird.

Bildung für nachhaltige Entwicklung ist damit keine zusätzliche neue Aufgabe für Bildungseinrichtungen, sondern ein Perspektivenwechsel mit neuen inhaltlichen Schwerpunkten und Arbeitsweisen, denen sich der nächste Abschnitt widmet.

5.2 Methodische Umsetzung

Bildung für nachhaltige Entwicklung rückt mit ihrer Ausrichtung auf den Erwerb von Kompetenzen Fragen der Wissenskonstruktion und aktivierende Formen des Lernens in den Fokus, die Lernen nicht als einen passiven Erwerb von präsentiertem Wissen versteht, sondern als eine aktive Wissenskonstruktion des bzw. der Lernenden. Diese muss sich vom präsentierten Wissen zwangsläufig unterscheiden, da sie sich in bereits existierende Wissensbestände einordnet und mit diesen interagiert (Rieß 2006). Eine kompetenzorientierte Bildung für nachhaltige Entwicklung erfordert daher ein Abrücken von auf Wissensvermittlung setzenden transmissiven Lernkonzepten, an deren Stelle die aktive Wissenskonstruktion betonende transformative Lernkonzepte rücken (Sterling 2006).

Eine große Bedeutung in der Diskussion um kompetenzförderliche didaktisch-methodische Arrangements wird dabei auch der Reflektion von Lernstrategien und -prozessen beigemessen, wenn der Erwerb von Lernkompetenz (Lernen des Lernens) bzw. „metakognitiver Fähigkeiten" (Edelstein & de Haan 2004, S. 5) gefordert wird. Eine der Empfehlungen zu Lernkonzepten für eine zukunftsfähige Schule der Bildungskommission der Heinrich-Böll-Stiftung fasst diesen Wechsel wie folgt zusammen (ebd., S. 13):

„Die neuen Formen des Lernens sind interdisziplinär und problemlösungsorientiert, wenden sich erwartbaren Ergebnissen und der Umsetzung des Gelernten zu und stiften Verbindungen zwischen unterschiedlichen Sichtweisen auf den Gegenstand des Lernens."

Wie aber lassen sich Lernumgebungen gestalten, die jungen Menschen den Erwerb von Kompetenzen ermöglichen? Im deutschsprachigen wissenschaftlichen BNE-Diskurs wurden frühzeitig im Zuge der Entwicklung schulischer Modellprogramme Ergebnisse der erziehungswissenschaftlichen und vor allem der psychologischen Lernforschung rezipiert und Konsequenzen für die Gestaltung kompetenzförderlicher Lernarrangements formuliert. Favorisiert werden dabei Lernarrangements, die selbstgesteuertes, projektförmiges, fächerübergreifendes, lebensweltlich relevantes und kollaboratives Lernen fördern (Edelstein & de Haan 2004; Burandt & Barth 2010). Aus den Erkenntnissen der Forschung zur Gestaltung konstruktivistischer Lernumgebungen lassen sich eine Reihe von Prinzipien und Merkmalen ableiten, die bei der Planung kompetenzförderlicher didaktisch-methodischer Arrangements berücksichtigt werden sollten (für eine Einführung in die konstruktivistische Lerntheorie siehe Siebert 2003). Prinzipielle Anforderungen sind: die Flexibilität des Wissens sollte gefördert werden – z. B. indem das Wissen in verschiedenen Kontexten angeboten wird, die den Transfer auf andere Problemstellungen anregen (multiple Kontexte), oder indem Probleme aus verschiedenen Perspektiven betrachtet werden (multiple Perspektiven). Lernumgebungen sollten ferner realistische Probleme in authentischen Situationen abbilden (Authentizität und Situiertheit) und eine Bearbeitung in Gruppen ermöglichen (Sozialer Kontext) (Gerstenmaier & Mandl 1995; Reinmann-Rothmeier & Mandl 2006). Diese Anforderungen lassen sich durch weitere Merkmale kompetenzförderlicher Lernumgebungen ergänzen und konkretisieren (Abb. 2).

ABB. 2:

PRINZIPIEN UND MERKMALE FÜR DIE GESTALTUNG VON LERNUMGEBUNGEN ZUR FÖRDERUNG DES ERWERBS VON KOMPETENZEN

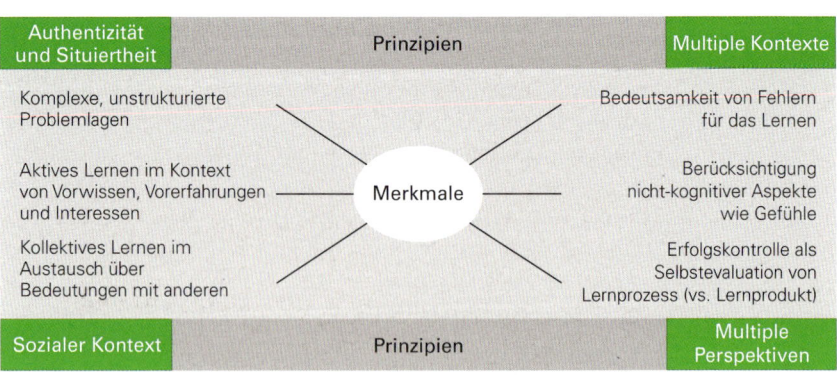

Quelle: Fischer 2010, S. 450, nach Gerstenmaier & Mandl 1995

Der konstruktivistisch orientierten Lehr-Lern-Forschung zufolge soll-ten Lernumgebungen die Betrachtung eines Problems aus verschie-denen Standpunkten ermöglichen und Inhalte perspektivisch variie-ren, um die Flexibilität in der Problembearbeitung zu fördern. Weitere bedeutsame Aspekte sind darüber hinaus die Fokussierung auf den Lernprozess selbst, eine Kultur, in der positiv auf Fehler reagiert wird und die Berücksichtigung motivationaler, affektiver und volitionaler Anteile für das Gelingen von Lernprozessen (Dubs 1995).

Aus diesen lerntheoretischen Grundlegungen lassen sich allgemeine didaktische Prinzipien ableiten, die sich für die Gestaltung von Lehr-Lern-Arrangements heranziehen lassen. Dazu zählen Visions-, Handlungs- und Reflexionsorientierung, entdeckendes und vernetzendes Lernen, Parti-zipationsangebote und die Verbindung von sozialem, selbstbezogenem und methodenorientiertem mit sachbezogenem Lernen (Künzli David 2007). De Haan und Harenberg (1999) haben eine Reihe von Metho-den und Arbeitsweisen vorgeschlagen, die die genannten Ansprüche und Anforderungen des Bildungskonzeptes Bildung für nachhaltige Entwicklung in besonderem Maße widerspiegeln (Kasten 1).

KASTEN 1:
METHODEN UND ARBEITSWEISEN IM KONZEPT VON BILDUNG FÜR NACHHALTIGE ENTWICKLUNG NACH DE HAAN & HARENBERG (1999)

- Projektarbeit, Umwelterkundungen, Produktlinienanalyse, Öko-Audits,
- Umweltpraktika,
- Formen der Freiarbeit und des offenen Unterrichts,
- Methoden spielerischen Lernens, Rollen- und Planspiele, szenisches Spiel,
- Computersimulation, Arbeit mit Datenbanken und elektroni-schen Informationssystemen,
- Methoden der Gesprächsführung und Gruppenmoderation, Mediationsverfahren,
- Methoden der Partner- und Teamarbeit,
- Planungs- und Evaluationsmethoden,
- Zukunftswerkstätten, Zukunftskonferenzen oder Runde Tische.

In der lerntheoretischen Fundierung und methodischen Ausrichtung der Bildung für nachhaltige Entwicklung wird deutlich, dass sie über einen pädagogischen Ansatz zur Behandlung von Fragen einer nach-haltigen Entwicklung weit hinausgeht. Es stellt vielmehr ein Bildungskonzept dar, das beansprucht, die institutionelle Ausgestaltung von Lehr- und Lernprozessen umfassend zu innovieren und auf den Erwerb von Kompetenzen auszurichten.

5.3 Informelles Lernen und die umfassende Gestaltung von Bildungseinrichtungen

Bildung für nachhaltige Entwicklung kann im Rahmen formaler, nonformaler wie auch informeller Lernprozesse erfolgen. Informelles Lernen ist Teil von Alltagserfahrung, findet insbesondere am Arbeitsplatz, in der Familie, in der Freizeit, in sozialen Bewegungen oder durch Mediennutzung statt (Brodowski et al. 2009). Es wird definiert als nicht strukturiert und in der Regel nicht intentional (Europäische Kommission 2001, S. 32ff.). Damit kommt den Strukturen und den Botschaften, die sowohl an gezielt aufgesuchten Orten wie Museen oder auch einfach in Stadträumen aufgenommen werden, eine hohe Bedeutung für die Entwicklung unseres Weltbilds, für den Aufbau von Wissen und Kompetenzen zu. Dieses informelle Lernen findet auch in Bildungsinstitutionen selbst statt (Adomßent et al. 2009; Schugurensky 2000). Unterschieden werden können auf der einen Seite die informellen Lernprozesse, die innerhalb der Lehrveranstaltungen stattfinden („heimliches Curriculum").

"It is difficult to imagine a formal learning context in which only explicit learning of explicit knowledge takes place. To focus only on the explicit learning of formally presented knowledge is to fail recognise the complexity of learning even in well-ordered classrooms." (Eraut 2000, S. 26)[4]

Auf der anderen Seite finden informelle Lernprozesse statt, die sich in vielfältigen Kontexten im Alltagsleben in der Bildungsinstitution ergeben, wie z. B. in der Peer Group, beim Konsum von Lebensmitteln, im freiwilligen Engagement in Schülerarbeitsgruppen, studentischen Initiativen oder ehrenamtlichen Gremien oder in selbstorganisierten Lernprojekten (Sterling & Thomas 2006).

Vor diesem Hintergrund ist auch die Gestaltung der Bildungsinstitution als ein Bestandteil von Bildung für nachhaltige Entwicklung zu konzipieren (für Schulen Bormann 2005; für Universitäten Adomßent et al. 2009; für Kindergärten Stoltenberg & Thielebein-Pohl 2011). Eine solche ganzheitliche Gestaltung von formalen und informellen Lernsettings innerhalb von Bildungseinrichtungen wird als ganzheitlicher Institutionsansatz („whole-institution approach") bezeichnet. Im Ende 2014 von der UNESCO beschlossenen Weltaktionsprogramm Bildung

---

[4] „Es ist schwer, sich einen formalen Lernkontext vorzustellen, in dem nur das explizite Lernen von explizitem Wissen stattfindet. Sich allein auf das explizite Lernen von formal präsentiertem Wissen zu fokussieren bedeutet, die Komplexität des Lernens zu vernachlässigen, die bereits in wohlstrukturierten und geordneten Klassenzimmern existiert." (Übersetzung der Autoren)

für nachhaltige Entwicklung werden whole-institution approaches als eines von fünf Prioritätsfeldern für die weltweite Implementierung von Bildung für nachhaltige Entwicklung beschrieben (siehe auch Kapitel 2 und 3).

Aus nationalen Modellprojekten wie BLK-21 oder TRANSFER-21 (siehe Kapitel 2 und 3) und internationalen Programmen v. a. aus dem angelsächsischen Raum (u. a. Henderson & Tilbury 2004; Hren & Birney 2004; Shallcross 2006) liegen inzwischen eine Reihe praktischer Ansätze und Forschungsarbeiten aus dem Bereich nachhaltiger Schulentwicklung vor (Grundmann 2011). Auch für den universitären Bereich lässt sich eine intensive Diskussion um ganzheitliche Entwicklungsansätze („Whole-of-University-Approach", McMillin & Dyball 2009) sowie um deren Überprüfbarkeit durch Indikatoren konstatieren (Fischer et al. 2015).

Eine wesentliche Herausforderung für die Gestaltung ganzheitlicher Entwicklungsansätze im Sinne einer Bildung für nachhaltige Entwicklung besteht in der Einbindung der Lernenden. In der Literatur ist die Forderung weit verbreitet, nachhaltig orientierte Prozesse der Organisationsentwicklung partizipativ anzulegen. Partizipative Organisationsentwicklung lässt sich am Beispiel der Schule dabei fassen als *" [...] eine längerfristige Einflussnahme der Lernenden (aber auch weiterer Akteure der Schule) an unterschiedlichen Schul- und Unterrichtsentwicklungsprozessen, die sich sowohl auf die interne Ausgestaltung der Schulangelegenheiten als auch auf die Beteiligung an außerschulischen gesellschaftlichen und politischen Aufgaben und Herausforderungen beziehen kann."* (Reinhardt 2009, S. 129)

Empirische Studien aus dem schulischen Bereich verweisen dabei zum einen auf die Potentiale, die mit der Beteiligung von Schülerinnen und Schülern für die Qualität und die Ergebnisse von Veränderungsprozessen verbunden sind (u. a. Bergmark & Kostenius 2009; Wheeler 2009). Zum anderen finden sich jedoch auch Hinweise auf Stolpersteine bei der Realisierung von partizipativen Arrangements. Dazu zählen vor allem Hinweise auf die Gefahr, dass unreflektiert praktizierte Partizipation dazu führen kann, dass Pluralität unterdrückt und Dominantes lediglich reproduziert wird, anstatt es kritisch zu hinterfragen (Læssøe 2010). Zudem wird auf das Risiko hingewiesen, marginalisierte Gruppen nicht hinreichend zu berücksichtigen, da Partizipation voraussetzungsvoll sei und sowohl die Ausbildung entsprechender Kompetenzen auf Seiten der Partizipierenden als auch eine förderliche Gestaltung wichtiger Partizipationsbedingungen und -strukturen, wie die Einrichtung von repräsentativen Steuergruppen auf der Grundlage eines entsprechenden Mandats erfordere (Di Giulio & Künzli David 2006; Black 2011; Griebler & Nowak 2012). Eine weitere Herausforderung für die Prozessgestaltung in der Zusammenarbeit verschiedener Akteursgruppen in lokalen Nachhaltigkeitsprozessen besteht darin, einen systematischen Ziel- und Maßnahmenentwicklungsprozess zu entwickeln, der auf einer fundierten Bestandsaufnahme gründet, angemessene (anstatt zu abstrakte oder zu einfache) Ziele formuliert und dabei kritisch wertklärend, jedoch handlungsorientiert bleibt (Shallcross 2006; Sharma & Kearins 2011).

Aus der Forschung mehren sich inzwischen Hinweise, die auf eine hohe Wirksamkeit solch ganzheitlich orientierter Ansätze zur Gestaltung der Institution hindeuten (Barratt Hacking et al. 2010; Barth et al. 2011). Ganzheitliche Ansätze zielen übergreifend darauf ab, sowohl den Lehrplan, das Management der Organisation (von Energie über Müll bis hin zu Fragen der Campusgestaltung) und die Kooperation mit weiteren Einrichtungen, Initiativen und Akteuren vor Ort im Sinne einer nachhaltigen Entwicklung zu gestalten. Dies erfordert Maßnahmen auf verschiedenen Ebenen, von der Personal- über die Unterrichts- bis hin zur Organisationsentwicklung (Grundmann 2011).

Stand und Praxisbeispiele in verschiedenen Bildungsbereichen

6

Seit dem Aufkommen der Diskussion um Bildung für nachhaltige Entwicklung Anfang der 1990er Jahre sind weltweit vielfältige Anstrengungen unternommen worden, um Elemente einer Bildung für nachhaltige Entwicklung in allen – formalen, non-formalen und informellen[5] – Bildungsbereichen zu integrieren (Michelsen 2006). Die folgenden Darstellungen skizzieren den Stand der Umsetzung in verschiedenen Bildungsbereichen und zeigen anhand ganz konkreter Praxisbeispiele auf, wie sich die verschiedenen zuvor diskutierten Merkmale einer BNE in einer veränderten Bildungspraxis realisieren lassen.

STAND

6.1 Vorschule

In den meisten Bundesländern sind in der jüngeren Zeit modellhafte Vorhaben oder Projekte zur Verankerung von Bildung für nachhaltige Entwicklung initiiert worden. In ihren Zielen und Ausrichtungen sind diese sehr unterschiedlich und decken Teilbereiche von Bildung für nachhaltige Entwicklung wie „Klimaschutz" (Baden-Württemberg, Hamburg, Nordrhein-Westfalen, Sachsen-Anhalt) oder „Wasser" (Baden-Württemberg, Hessen, Hamburg, Thüringen) ab oder widmen sich der Entwicklung von Schlüsselkompetenzen, wie etwa in Bayern oder Sachsen-Anhalt (BMBF 2009, S. 17). In der Erklärung zur Elementarpädagogik „Zukunftsfähigkeit im Kindergarten vermitteln", formuliert die Deutsche UNESCO-Kommission (2010) Vorschläge für

---

[5] Formale Bildung findet in formalen Bildungs- oder Ausbildungseinrichtungen (Kindergarten, Schule, Hochschule usw.) statt, während non-formale Bildung alle organisierten Bildungsprogramme außerhalb des formalen Bildungssystems (z.B. in Volkshochschulen oder Umweltbildungszentren) umfasst. Informelles Lernen findet außerhalb der Curricula formaler und non-formaler Bildungsinstitutionen und -programme im Alltag (Arbeitsplatz, Familie, Freizeit usw.) statt (Overwien 2005).

eine zukunftsfähige Bildung und appelliert an Politik und Träger von Kindertageseinrichtungen, diese zügig umzusetzen.

Im Vergleich zu anderen Bildungsbereichen, wie z. B. der Schule, bleibt der Bereich der Elementarpädagogik allerdings unterrepräsentiert. Bislang fehlt eine systematische Implementierung, z.b. über bundesweite, wissenschaftlich begleitete Modellprojekte, und die konsequente Verankerung in vielen *Bildungs- und Erziehungsplänen.* So hat eine Studie von Stoltenberg (2008) gezeigt, dass ein ausdrücklicher Bezug auf Bildung für nachhaltige Entwicklung nur in zwei Plänen erfolgt: Im Bildungsplan von Schleswig-Holstein wird Bildung für nachhaltige Entwicklung als grundlegendes Prinzip angesehen, und der Bayerische Bildungs- und Erziehungsplan orientiert sich im Bildungsbereich „Umwelt" an dem Leitbild der Bildung für nachhaltige Entwicklung. Hessen erwähnt „Nachhaltigkeit" als neue Orientierung für Umweltbildung, ohne näher auf das entsprechende Bildungskonzept einzugehen. Dennoch finden sich sowohl im hessischen als auch in weiteren Bildungsplänen Inhalte, Arbeitsweisen und Methoden, die nicht nur eine Nähe zum Konzept einer Bildung für nachhaltige Entwicklung aufweisen, sondern als deren Bestandteile angesehen werden können. Ihre Ausgestaltung wird jedoch den Erzieherinnen und Erziehern als Adressaten der Bildungspläne überlassen.

PRAXISBEISPIEL: KITA21

KITA21 ist ein Kooperationsprojekt von Praxis und Wissenschaft, das Kindergärten und Kindertagesstätten ermöglichen möchte, mit dem Konzept einer Bildung für eine nachhaltige Entwicklung zu arbeiten (Stoltenberg & Thielebein-Pohl 2011). Dazu wurde ein Weiterbildungskonzept für pädagogische Fachkräfte entwickelt, die beteiligten Erzieherinnen und Erzieher wurden durch Information, Beratung, Materialien und die Organisation eines Netzwerks zum Erfahrungsaustausch unterstützt, das neue Konzept in der Praxis zu erproben. Mit einem Projekt konnten sie sich dann für die Auszeichnung als „KITA21-Die Zukunftsgestalter" bewerben. Diese Auszeichnung wird als Element der Qualitätsentwicklung verstanden und kann in diesem Sinne wiederholt werden. Konzipiert und realisiert wurde das Modellprojekt durch die Save Our Future-Umweltstiftung (S.O.F.) in Kooperation mit der Leuphana Universität Lüneburg, Institut für integrative Studien.

Kitas sind neben der Familie ein zentraler Ort für Bildungsprozesse in der frühen Kindheit. Dem Bericht „Bildung in Deutschland 2010" kann man entnehmen, dass über 95 % der Drei- bis Vierjährigen eine Kindertagesstätte besuchen. Sie haben die Gelegenheit, durch gemeinsames Lernen und Spiel im Alltag und durch organisierte Bildungsangebote frühzeitig Wahrnehmungsfähigkeit, Werthaltungen,

Wissen und Kompetenzen zu erwerben, die für den Prozess einer nachhaltigen Entwicklung individuell und gesellschaftlich gebraucht werden. Das Modellprojekt richtet sich zunächst an die pädagogischen Fachkräfte, die bisher in der Regel nicht die Gelegenheit hatten, sich mit diesem innovativen Bildungskonzept zu befassen. Die Wertschätzung einer pädagogischen Arbeit, die sich einer verantwortlichen Zukunftsgestaltung verpflichtet fühlt, soll durch eine Auszeichnung, die man durch Teilnahme an dem Modellvorhaben erwerben kann, ausgedrückt werden.

Mit einem Grundlagenworkshop wird das Konzept Bildung für eine nachhaltige Entwicklung an die beteiligten Erzieherinnen und Erzieher herangetragen. Sie haben dann die Gelegenheit und Aufgabe, ihre Erfahrungen und neuen Einsichten mit ihren Kolleginnen und Kollegen in der Praxis zu teilen und Ideen für ein Arbeiten in der Kita mit diesem Konzept zu entwickeln. Ein sich nach wenigen Wochen anschließender Praxisworkshop greift diese Ideen für eine innovative Praxis der pädagogischen Fachkräfte im Sinne einer nachhaltigen Entwicklung auf, sie werden mit den theoretischen Überlegungen zusammengeführt und dadurch weiterentwickelt.

Parallel dazu haben die beteiligten Erzieherinnen und Erzieher die Gelegenheit, sich beraten zu lassen, Materialien und Anregungen zu erhalten, die die Arbeit mit dem Konzept fördern. Als Voraussetzung, an dem Auszeichnungsverfahren teilzunehmen, muss ein Bildungsvorhaben durchgeführt und beschrieben werden, das mit den Inhalten der Weiterbildung arbeitet. Für die Beschreibung gibt es eine schriftliche Vorgabe, die zu Ausführungen auffordert, die zum einen auf zugrunde gelegte Kriterien zielen, um eine Vergleichbarkeit herzustellen und die zum anderen die Beteiligten auffordert, ihre neue Praxis auch noch einmal unter diesen Nachhaltigkeitskriterien zu reflektieren.

Die Ausgestaltung des Konzepts einer Bildung für eine nachhaltige Entwicklung für Kinder im Elementarbereich steht vor der besonderen Herausforderung, die besonderen Lernwege und mentalen Modelle von Kleinkindern berücksichtigen zu müssen. Zudem ist die besondere Situation von Kleinkindern zu bedenken, die gefordert sind, sich in die sie umgebende Kultur einzuleben – obwohl dies unter Nachhaltigkeitsgesichtspunkten nicht in jeder Beziehung sinnvoll ist, denn in diesem Kontext sind gefestigte Wertvorstellungen und Sichtweisen von Erwachsenen zu hinterfragen. So ist es notwendig, Kleinkindern zu ermöglichen, „in der sie umgebenden nicht-nachhaltigen Welt nach den Wegen zu suchen, die sie selbst für wünschenswert und verantwortlich halten" (Stoltenberg & Thielebein-Pohl 2011). Das gelingt durch Spiel, organisierte Bildungsprozesse durch Projekte und nicht zuletzt im Alltag, durch Begleitung der Kinder und durch

Unterstützung ihrer selbstgesteuerten und selbstorganisierten Lernprozesse.

Dementsprechend ist für das Projekt KITA21 das Konzept von Bildung für eine nachhaltige Entwicklung speziell für die Ansprüche · von Kindern ausgestaltet worden. Besondere Aufmerksamkeit in der Gestaltung der Lernumgebung und der Bildungsanlässe verdienen danach

- Naturerfahrungen und Wissen über Natur als Lebensgrundlage,
- Wahrnehmung und Wertschätzung von Vielfalt,
- den Sachverhalten auf den Grund gehen,
- Kreativität und Querdenken,
- Partizipation und
- Kultur des Umgangs mit den Dingen (Stoltenberg 2011).

Das Modellvorhaben hat nicht nur eine Wirkung innerhalb der beteiligten Kita. Die Evaluationsergebnisse zeigen, dass neben Eltern und den Trägern der Einrichtung auch die Nachbarschaft/der Stadtteil auf diese Arbeit aufmerksam werden.

Die Struktur des Modellvorhabens bewährt sich: Die zusätzlichen Informations- und Beratungsangebote werden angenommen (bzw. werden von den Teilnehmenden als große Sicherheit im Hintergrund wahrgenommen, auf die man zur Not zurückgreifen könnte). Mit der Auszeichnung kann gegenüber Eltern und Kooperationspartnern gearbeitet werden. Und ein großer Teil der bereits ausgezeichneten Kitas hat sich nach der Modellphase wieder an dem Projekt beteiligt, das künftig – nicht nur auf Hamburg beschränkt – weiter arbeiten wird.

Das Modellprojekt KITA21 zeigt, dass es auch schon Kindergartenkindern ermöglicht werden kann, Sichtweisen, Wissen und Kompetenzen im Sinne einer nachhaltigen Entwicklung aufzubauen. Für pädagogische Fachkräfte in der Kita erweist sich das Konzept Bildung für eine nachhaltige Entwicklung als Professionalisierungsangebot und zudem als hohe Motivation für innovative Arbeit.

STAND

6.2
Schule

Im schulischen Bereich konnten bezüglich der Integration von Bildung für nachhaltige Entwicklung bisher im Vergleich zu anderen Bildungsbereichen die größten Fortschritte erzielt werden. Bildung für nachhaltige Entwicklung ist inzwischen in den Rahmenrichtlinien fast aller Schulformen verankert. Immer mehr Schulen nehmen in ihrem Schulprogramm und in ihrer Entwicklungsplanung Bezug auf Bildung für nachhaltige Entwicklung. Es werden vielfältige Projekte und Vorhaben zur nachhaltigen Gestaltung des Schullebens, -geländes und -betriebs durchgeführt. Dies betrifft neben Ressourceneinsparungen auch Gründungen von

Schülerfirmen und internationale Austauschprogramme mit Bezug zur Bildung für nachhaltige Entwicklung (BMBF 2009, S. 18).

Einen wichtigen Impuls haben noch einmal die Empfehlungen der Ständigen Konferenz der Kultusminister der Länder in der Bundesrepublik Deutschland (KMK) und der Deutschen UNESCO-Kommission (DUK) im Juni 2007 gegeben, welche die Rahmenbedingungen für Bildung für nachhaltige Entwicklung weiter verbessert haben (KMK & DUK 2007). Einen weiteren Meilenstein stellte die erfolgreiche Durchführung des Programms „Transfer-21" als Nachfolge des bereits 1999 aufgelegten „BLK-Programm 21: Bildung für nachhaltige Entwicklung" dar (siehe Kapitel 3). Zentrales Leitbild von Transfer-21 war die Orientierung der schulischen Bildung am Konzept der Nachhaltigkeit und der Entwicklung von Gestaltungskompetenz. Es wurden neue Bildungsmaterialien für alle Schulbereiche entwickelt und weitere Schulen einbezogen. „Das im Juli 2008 beendete Programm erreichte insgesamt 2.586 Schulen in den teilnehmenden Ländern. Die Zielsetzung von 10% aller Schulen wurde somit übererfüllt" (BMBF 2009, S. 18).

Neben den Transfer-21-Schulen tragen auch die UNESCO-Projektschulen, die „Umweltschulen in Europa" und die GLOBE-Schulen zur Verankerung des Nachhaltigkeitskonzeptes in der schulischen Bildung in Deutschland bei. Auch die relativ große Anzahl ausgezeichneter schulischer Dekade-Projekte weist auf die gute Verankerung von Bildung für nachhaltige Entwicklung in diesem Bildungsbereich hin. Schulen sind gemessen an der Gesamtzahl der Projekte am stärksten vertreten.

Durch das gewachsene Angebot an Bildungsmaterialien wird es für Lehrerinnen und Lehrer immer einfacher, Themen einer nachhaltigen Entwicklung in ihren Unterricht zu integrieren. Eine Herausforderung ist allerdings weiterhin die Integration von Bildung für nachhaltige Entwicklung in die Lehreraus- und -weiterbildung (KMK & DUK 2007, S. 6).

PRAXISBEISPIEL: BINK

Die Veränderung nicht-nachhaltiger Konsummuster ist ein zentraler Auftrag, den die auf der Weltkonferenz für Umwelt und Entwicklung im Jahr 1992 in Rio de Janeiro beschlossene Agenda 21 der internationalen Staatengemeinschaft für das 21. Jahrhundert mit auf den Weg gegeben hat. Ziel des Projektes BINK (Bildungsinstitutionen und nachhaltiger Konsum, www.konsumkultur.de) war es, Beiträge von Bildungseinrichtungen zur Förderung eines nachhaltigen Konsums bei Jugendlichen und jungen Erwachsenen auszumachen und im Sinne einer Bildung für eine nachhaltige Entwicklung weiterzuentwickeln.

Dazu galt es, formales und informelles Lernen zum nachhaltigen Konsum in Bildungseinrichtungen modellhaft aufeinander zu beziehen, mit partizipativen Organisationsentwicklungsprozessen zu verknüpfen und Nachhaltigkeit erlebbar zu machen. Bildungseinrichtungen wurden als Zielgruppe ausgewählt, da sie in doppelter Weise auf das Konsumverhalten von jungen Menschen wirken. Zum einen können sie durch Bildungsangebote einen Beitrag zur Reflexion und bewussteren Gestaltung des Konsumverhaltens beitragen. Zum anderen sind sie auch Orte, an denen konsumiert wird, z. B. in Campus-Cafés oder der Mensa.

Im Forschungsprojekt BINK wurde auf theoretischer Ebene ein Ansatz zur systematischen Verknüpfung formalen und informellen Konsumlernens entwickelt (Fischer 2013). Darauf basierend sollten Maßnahmen entwickelt werden, die im Sinne einer Bildung für eine nachhaltige Entwicklung helfen, in den beteiligten Praxiseinrichtungen aus dem Bildungsbereich eine nachhaltige Konsumkultur zu etablieren, die die Konsumkompetenz junger Menschen fördert und nachhaltiges Konsumverhalten ermöglicht. Im Mittelpunkt des Projektes stand die Fragestellung, wie sich insbesondere Lernmöglichkeiten außerhalb des planmäßigen Unterrichts in informellen Lernräumen im (hoch)schulischen Kontext als ein „Erfahrungsraum für Nachhaltigkeit" (Stoltenberg 2000) für gezieltes und beiläufiges Lernen im Sinne eines nachhaltigen Konsums gestalten lassen. Somit standen hier die Prinzipien des Erlebens, Erfahrens und das Einnehmen einer neuen Perspektive als konzeptuelle Rahmenbedingung einer Bildung für eine nachhaltige Entwicklung im Vordergrund.

Veränderungsprozesse hin zu einer nachhaltigen Konsumkultur an Bildungsinstitutionen erfordern ein partizipatives Vorgehen und die Berücksichtigung spezifischer organisationaler Kontexte. Daher wurde die Zusammenarbeit mit den Praxispartnern an den Ansatz der partizipativen Interventionsplanung (Matthies 2000) angelehnt. Basierend auf dem theoretischen Ansatz wurden gemeinsam mit den verschiedenen Praxispartnern in einem partizipativen und transdisziplinär ausgelegtem Prozess Ziele und Ideen für konkrete Maßnahmen für Konsumlernen formuliert (Homburg et al. 2013). Praxispartner im Projekt waren nicht nur Schüler, Studierende und das Kollegium der Bildungsinstitutionen, sondern auch Akteure der Orte des Konsums (Mensa, Küche), Experten von außen oder prominente Personen, wie die Köchin Sarah Wiener. Daher flossen auch praxisbezogene Wissensbestände über die lokalen Kontexte der Einrichtung sowie unterschiedliche Sichtweisen und Perspektiven auf das Handlungsfeld Konsum ein. Als Ergebnis lag pro Einrichtung ein ausgearbeitetes Maßnahmenpaket vor, das aus mehreren ausgewählten Interventionen bestand, die an verschiedenen Aspekten von Konsumkultur ansetzen und in informellen Lernsettings verortet waren. Die operative Ausgestaltung und Umsetzung sowie die Praxis-Evaluation der Maßnahmen lag in den Händen der beteiligten Partnerinnen und Partner, die von wissenschaftlicher Seite des Projektteams moderierend und strukturierend begleitet wurde.

Die Ergebnisse begleitender empirischer Untersuchungen machen deutlich, dass es zum Teil beträchtliche Unterschiede gibt zwischen aktiv an BINK beteiligten und unbeteiligten Jugendlichen und jungen Erwachsenen. So sind die Aktiven signifikant stärker betroffen über schlechte Arbeitsbedingungen und den gesellschaftlichen Umgang damit, finden Umwelt und Gerechtigkeit deutlich wichtiger beim Einkaufen und sind insgesamt zuversichtlicher, durch diese Konsumentscheidungen etwas in Richtung nachhaltiger Entwicklung verändern zu können (Barth et al. 2013). Die stärksten Einflüsse der Konsumkultur auf das, was Jugendliche und junge Erwachsene über nachhaltigen Konsum lernen, welche Einflussmöglichkeiten sie als Konsumierende sehen und welche persönliche Relevanz nachhaltiger Konsum für sie hat, haben zwei organisationale Merkmale: der Stellenwert nachhaltigkeitsbezogener Konsumbildungsziele und die Wahrnehmung von Veränderung in Richtung nachhaltiger Entwicklung an der Einrichtung. Die Befunde der Studie stützen den im Bildungsprogramm BINK entwickelten Ansatz, nachhaltigen Konsum über die ganzheitliche Gestaltung der Konsumkultur zu einem Anliegen an der Bildungseinrichtung zu machen und entsprechende Veränderungen innerhalb und außerhalb des Unterrichts und der Lehre anzugehen.

STAND

6.3 Außerschulische Bildung

Die einschlägigen Bundesverbände der außerschulischen Bildung im umwelt- und entwicklungspolitischen Bereich – v. a. die Arbeitsgemeinschaft Natur- und Umweltbildung (ANU) und der Verband Entwicklungspolitik deutscher Nichtregierungsorganisationen (VENRO) –, beziehen sich seit vielen Jahren auf das Leitbild der nachhaltigen Entwicklung und nehmen als zentrale Akteure der UN-Dekade eine wichtige Rolle im Diskurs um zukunftsfähige Bildung ein.

Eine bundesweite Studie (Michelsen et al. 2013), in der erstmalig eine umfassende Bestandsaufnahme außerschulischer Bildungsaktivitäten im Kontext nachhaltiger Entwicklung vorgenommen wurde und die zum Ziel hatte, den aktuellen Stand der Umsetzung von Bildung für nachhaltige Entwicklung im außerschulischen Bereich zu erheben, zeigt, dass der Hintergrund bzw. die Tradition außerschulischer Einrichtungen nach wie vor einen großen Einfluss auf die Schwerpunktsetzungen im Bildungsangebot und damit auch auf die Umsetzung von Bildung für nachhaltige Entwicklung hat. Anbieter mit entwicklungspolitischer Tradition zeigen sich etwas offener in Bezug auf die ökologische Dimension, als es umgekehrt bei Einrichtungen mit Schwerpunkt im Bereich „Umwelt" hinsichtlich sozioökonomischer Aspekte der Fall ist. Erstere scheinen tendenziell über ein etwas breiteres Bildungsangebot zu verfügen. Insgesamt ist die globale Dimension bei Anbietern ohne entwicklungspolitischen Hintergrund noch ausbaufähig. Nur etwa 10 % der befragten Bildungseinrichtungen orientieren sich in ihrer Gesamtausrichtung am Konzept einer Bildung für nachhaltige Entwicklung und integrieren diese mehr oder weniger umfassend in ihre pädagogische Arbeit.

PRAXISBEISPIEL: TATENGARTEN

Der Tatengarten in Wiesbaden ist ein informelles Bildungsprojekt einer Gruppe von ca. 30 Personen, die sich in einem „Schulgarten für lebenslanges Lernen" selbstorganisiert und autodidaktisch verschiedene Aspekte der Nachhaltigkeit erschließen und dies später an andere Menschen weitergeben wollen. Dabei ist die Gruppe für alle Interessierten aus der Gesellschaft offen und die Teilnahme kostenlos. Partizipation hat höchsten Stellenwert, so dass alle Entscheidungen der Gruppe gemeinschaftlich getroffen und umgesetzt werden. Definierte Ziele sind konsumunabhängige Freizeitgestaltung, intergenerationelle Arbeit, Integration und Austausch gesellschaftlicher Gruppen, Bewusstseinsbildung für Nachhaltigkeit von Konsum über Ökologie bis zur nachhaltigen Lebensführung. Zu öffentlichen „Tatenzeiten" können alle Interessierten teilnehmen und sowohl die konkrete Gartenarbeit als auch die Entwicklung und Diskussion weiterer zu gehender Schritte bereichern. Der Garten kultiviert eine Fläche von knapp 1.000 m². Das Projekt kooperiert bereits mit einer Jugendhilfeeinrichtung, einem sozialen Träger, weiteren Gemeinschaftsgärten, Schulgärten, dem Verein zur Erhaltung der Nutzpflanzenvielfalt, Klimabotschaftern und weiteren Partnern. Zukünftig geplant ist eine Kooperation mit der Campus Akademie, die Fortbildungen für pädagogische Fachkräfte anbietet. Der Tatengarten betreibt außerdem umfangreich Öffentlichkeitsarbeit und erreicht so einen größeren räumlichen Radius. Der Tatengarten versteht sich als niederschwelliges Angebot, das über den Ansatz des Gartens ein umfassendes Verständnis für Nachhaltigkeit in allen Teilaspekten schaffen, und dies über die Teilnehmenden und weitere Kooperationen anderen Menschen vermitteln möchte (Angaben gemäß der Dekade-Datenbank unter www.dekade.org/datenbank).

6.4
Berufliche
Bildung

Eine steigende Anzahl von Unternehmen erkennt die Chancen, die sich für sie aus nachhaltiger Entwicklung in ökonomischer, ökologischer und sozialer Hinsicht ergeben, und engagiert sich daher auch in der beruflichen Aus- und Weiterbildung. Hier kann z.B. der Zusammenschluss global agierender Unternehmen und Organisationen der deutschen Wirtschaft zu dem Unternehmensnetzwerk „econsense – Forum Nachhaltige Entwicklung der Deutschen Wirtschaft e. V." genannt werden. Das im Jahr 2000 auf Initiative des Bundesverbandes der Deutschen Industrie e.V. (BDI) gegründete Netzwerk versteht sich als Think Tank und zentrale Dialogplattform zur Nachhaltigkeit in großen Unternehmen und Organisationen (BMBF 2009, S. 20).

Einen zentralen Beitrag leisten die zehn bis Ende 2009 aus Mitteln des BMBF finanzierten und vom Bundesinstitut für Berufsbildung (BIBB) geförderten und fachlich begleiteten *Modellversuche* zu den Aspekten nachhaltiger Entwicklung als Wirtschaftsfaktor und Managementstrategie in Industrie und Handwerk, Energieeffizienz und Ressourcenschonung sowie Nachhaltigkeit in der Berufsausbildung (ebd., S. 20f.). Zwischen 2015 und 2019 wurden weitere 18 Verbundprojekte gefoerdert, um die strukturelle Verankerung von nachhaltiger Entwicklung in der beruflichen Bildung zu foerdern (https://www.bibb.de/de/33716.php).

Im Rahmen des Weltaktionsprogramms ist die Berufliche Bildung als eigener Bildungsbereich prominent adressiert. Ein eigenes Fachforum erarbeitet Schwerpunkte sowie konkrete Ziele und Umsetzungsstrategien für den Bildungsbereich berufliche Bildung. Außerdem identifiziert es Beispiele guter Praxis, die auf den Seiten des BNE-Portals zugänglich sind (https://www.bne-portal.de/de/einstieg/bildungsbereiche/berufliche-bildung).

PRAXISBEISPIEL: GRÜNE ARBEITSWELT

Die berufliche Bildung stellt einen großen, jedoch vielfach verzweigten Bildungsbereich dar. Um zwischen den verschiedenen Anbietern im Bereich der beruflichen Bildung, an beruflicher Bildung Interessierten sowie den zahlreichen weiteren Akteuren etwa aus Wirtschaft und Politik zu vernetzen, wird seit Anfang 2018 das „Netzwerk Grüne Arbeitswelt" aufgebaut. Ausgehend von der Annahme, dass eine stärkere Verankerung und Profilbildung für nachhaltige Berufsbilder und entsprechende Qualifizierungsbedarfe das Zusammenwirken verschiedener Akteure erfordert, entwickelt der Wissenschaftsladen Bonn e.V., die Zeitbild Stiftung und UnternehmensGrün e.V. mit Unterstützung der Nationalen Klimaschutzinitiative des Bundesumweltministeriums Angebote, um all diejenigen zu einem starken, bundesweiten Netzwerk zusammenzuschließen, die sich für Fachkräftesicherung und Berufsorientierung in der grünen Arbeitswelt einsetzen.

Das Netzwerk geht dabei von einem sehr weiten Verständnis einer „grünen Arbeitswelt" aus und hat eine Vielzahl „grüner Berufsfelder" definiert. Das Netzwerk geht in seinem Auftrag auch über die Grenzen der beruflichen Bildung im engeren Sinne hinaus und rückt diese in einem größeren Kontext des Werbens von Fachkräften für eine nachhaltigere Arbeitswelt. Das Portal des Netzwerks ist erreichbar unter https://www.gruene-arbeitswelt.de.

STAND

6.5

Hochschule

Durch das Memorandum *„Hochschule und Nachhaltigkeit",* das die deutsche Hochschulrektorenkonferenz Anfang 2010 gemeinsam mit der Deutschen UNESCO-Kommission verabschiedete (DUK & HRK 2010), haben die nachhaltigkeitsbezogenen Aktivitäten an Hochschulen Rückenwind bekommen. Dort werden Empfehlungen zur Orientierung universitärer Kernaufgaben, wie Forschung und Wissenstransfer, Lehre und Studium an einer nachhaltigen Entwicklung gegeben.

Aktuell gibt es an zahlreichen Hochschulen Studienangebote, in denen Fragestellungen einer nachhaltigen Entwicklung behandelt werden. De Haan (2007) hat mit einer Studie, die auf Selbstberichten von Hochschuleinrichtungen basierte, zeigen können, dass drei Gruppen von nachhaltigkeitsbezogenen Studienangeboten unterschieden werden können: Studiengänge mit nachhaltigkeitsrelevanten Studienschwerpunkten über Vertiefungsmöglichkeiten, spezielle Module mit Nachhaltigkeitsbezug oder Wahlpflichtbereiche (54,6 %); Nachhaltigkeitsstudiengänge (30,8 %); Studiengänge, in denen einzelne Veranstaltungen Bezüge zu Themen der nachhaltigen Entwicklung aufweisen (14,2 %). Zudem werden über Hochschulnetzwerke hochschulübergreifende Studiengänge sowie Lehrangebote realisiert. Hier ist z.B. das Netzwerk „Bildung für nachhaltige Entwicklung" der Fachhochschulen des Landes Baden-Württemberg zu nennen (BMBF 2009, S. 19f.).

Immer mehr Hochschulen engagieren sich zudem im Bereich des Umweltmanagements bzw. umfassenderer Auditierungssysteme (Fischer et al. 2015), und einige Hochschulen gehen noch einen Schritt weiter und publizieren Nachhaltigkeitsberichte (Sassen et al. 2014).

Die Diskussion über BNE wird ebenso wie die faktische Umsetzung auf institutioneller Ebene maßgeblich von Akteursgruppen gefordert und vorangetrieben, die in Nichtregierungsorganisationen aktiv sind oder auf informeller – und dabei nicht selten internationaler – Kooperationsbasis agieren. Kritisch ist anzumerken, dass das berufliche Handeln zahlreicher Akteure aus dem Hochschulbereich nach wie vor in einem weitgehend informellen Rahmen erfolgt und primär auf dem individuellen Engagement basiert (Adomßent & Henze 2012).

Daher kann von einem flächendeckenden Engagement bisher nicht die Rede sein. So ergab eine im August 2010 veröffentlichte Studie des Stifterverbands für die Deutsche Wissenschaft, in der die Leitbilder von Hochschulen vergleichend untersucht wurden, dass sich nur ein Viertel der Universitäten und 28 % der Fachhochschulen zu nachhaltigem und umweltgerechtem Handeln verpflichten (Meyer-Guckel & Mägdefessel 2010). Es „lässt sich [allerdings] mit vorsichtigem Optimismus von einer gewissen Konsolidierung des nachhaltigkeitsorientierten Engagements von Hochschulen sprechen." (Adomßent 2010, S. 34)

PRAXISBEISPIEL: DAS MODUL „WISSENSCHAFT TRÄGT VERANTWORTUNG" IM 1. SEMESTER DER LEUPHANA UNIVERSITÄT LÜNEBURG

Zum Anspruch einer Hochschulbildung auf der Höhe des 21. Jahrhunderts gehört es, Eigen- und Sozialverantwortlichkeit unter globalisierten Bedingungen zu initiieren. Ob sich dieser Anspruch tatsächlich einlösen lässt, hängt davon ab, auf welche Weise die Hochschulen ihre Studienprogramme unter Bologna-Bedingungen konkret ausgestalten. Das Modul „Wissenschaft trägt Verantwortung" der Leuphana Universität Lüneburg erlaubt einen exemplarischen Blick: Es ist als Startpunkt für ein gesellschaftsorientiertes Bachelor-Studium konzipiert, das sich am Bildungsziel der Gestaltungskompetenz messen lassen möchte (vgl. Otte et al. 2014).

Welche Fragen stellen uns die Probleme von morgen? Mit diesem Auftakt lädt das Modul „Wissenschaft trägt Verantwortung" rund 1.500 Erstsemester-Studierende dazu ein, das Leitbild einer nachhaltigen Entwicklung wissenschaftlich zu reflektieren. Als Teil einer fachüberschreitenden Einführung in die Wissenschaft ist das Modul in das sogenannte Leuphana Semester[6] eingebettet. Inspiriert von der anglo-amerikanischen Tradition der Colleges steht hier neben der fach-

---

[6] Zum Leuphana Semester gehören neben dem Modul „Wissenschaft trägt Verantwortung" noch zwei weitere fachüberschreitende Module: Das Modul „Wissenschaft macht Geschichte" weckt die Neugierde an der geistes- und kulturwissenschaftlichen Fragehaltung und führt an die Standards wissenschaftlichen Arbeitens heran. Das Modul „Wissenschaft nutzt Methoden" erörtert die Differenz von Alltagswissen und wissenschaftlichem Wissen ebenso wie die methodologischen Selbstverständnisse unterschiedlicher Wissenschaftskulturen. Darüber hinaus übernimmt es eine basale Methodenausbildung in Statistik und Mathematik. Zwei fachbezogene Module führen im Leuphana Semester schließlich in das jeweilige Hauptfach (Major) und in die fachspezifischen Methoden ein (Beck et al. 2012).

lichen Ausbildung ein allgemeinbildender Übergang von der Schule zur Universität im Mittelpunkt, der kritisches Denken, Persönlichkeitsbildung und Democratic Citizenship betont (Axelrod 2002). Dabei fokussiert sich das ‚Verantwortungsmodul' in einem transdisziplinären Vorgriff auf gesellschaftliche Problemlagen, auf die vereinzelte Disziplinen einen unterkomplexen Zugriff haben.

ABB. 3:
DIE MODULE DES LEUPHANA SEMESTERS IM ÜBERBLICK

Konferenzwoche			
5 CP	10 CP	10 CP	5 CP*
„Wissenschaft macht Geschichte" für Perspektive, Reflexion	„Wissen trägt Verantwortung" mit Projektseminaren	„Wissen nutzt Methoden" fachspezifisch und fachübergreifend	„Wissenschaft hat disziplinäre Grenzen" Einführung in den Major
Startwoche			

* CP = Credit points   Quelle: Eigene Darstellung

Es zielt auf einen fachlich unverstellten Blick, damit die Studierenden im Leuphana Semester in fachüberschreitenden Lerngemeinschaften zusammenkommen. Idealerweise reift dieser im Laufe des Studiums zu einer inter- und transdisziplinären Diskursfähigkeit heran, die zweifelsfrei auf disziplinäre Kompetenz angewiesen bleibt (Mittelstraß 2005). Um den interdisziplinären Perspektivenwechsel zu kultivieren, schließt direkt an das Leuphana Semester das sogenannte *Komplementärstudium* an, das vom zweiten bis zum sechsten Semester fachüberschreitende Seminare anbietet.

Wie realisiert das Modul „Wissenschaft trägt Verantwortung" die fachüberschreitende Einführung in die Wissenschaft? Und in welchen Formaten setzen sich die Studierenden mit der nachhaltigen Entwicklung auseinander?

Der moduleigene Schwerpunkt zeigt, dass Verantwortung und Nachhaltigkeit als erweiterte Gerechtigkeit konzeptionell aufeinander verweisen: Während das Nachhaltigkeitsprinzip den normativen Anker für den Verantwortungsbegriff beisteuert, lassen sich Nachhaltigkeitskonflikte anhand von Verantwortungsfragen nach Zuständigkeit und Zurechenbarkeit konkret analysieren. Die Aufmerksamkeit konzentriert sich auf die Frage, wer in welcher Weise auf nachhaltige

Entwicklungen und gerechte Institutionen hinwirken kann. Das Modul besteht aus folgenden Elementen:

- Eine Ringvorlesung und begleitende Tutorien stecken den inhaltlichen Rahmen des Moduls ab.
- Sie führen in die facettenreichen Themen der nachhaltigen Entwicklung ein und statten die Erstsemester-Studierenden mit dem ersten Rüstzeug aus, um sich in der transdisziplinären Nachhaltigkeitsdebatte orientieren zu können.
- Rund 60 Projektseminare mit jeweils 25 Teilnehmenden vertiefen exemplarisch ein Themenfeld der nachhaltigen Entwicklung und erkunden im Sinne des „Forschenden Lernens" erstmals Forschungsgelände.

In überschaubaren Projekten erproben die Studierenden eigenständige Hypothesen, die mit der Konferenzwoche zum Ende des Semesters auch ein hochschulöffentliches Forum finden. Die Integration von Nachhaltigkeit in die Hochschullehre ist mehr als die Thematisierung in einzelnen Vorlesungen oder Seminarsitzungen. Lehrende wie Lernende sind gefordert, sich auf neue Inhalte und Methoden einzulassen. Gleichzeitig kann die Integration auf unterschiedlichem Niveau stattfinden. Mit dem Leuphana Semester an der Leuphana Universität Lüneburg und dem darin verankerten Modul „Wissenschaft trägt Verantwortung" wird ein Vorgehen aufgezeigt, das innovative Lehr-Lernmethoden mit dem Thema der nachhaltigen Entwicklung verbindet und neue Formen der Hochschullehre eröffnet. Im Modul „Wissenschaft trägt Verantwortung" sollen kleine studentische Teams exemplarisch Lösungswege einer nachhaltigen Entwicklung erarbeiten.

Bildung für nachhaltige Entwicklung – ein Ausblick aus der Sicht der jüngeren Generation 7

Das im Jahr 2015 begonnene Weltaktionsprogramm zur Bildung für nachhaltige Entwicklung setzt einen Schwerpunkt darauf, jüngere Menschen verstärkt als Agenten des Wandels (sog. change agents) in Prozesse nachhaltiger Entwicklung einzubeziehen (siehe Kap. 2). Wie aber ist es in Deutschland um das Interesse und das Engagement der jüngeren Generation an Fragen einer nachhaltigen Entwicklung bestellt? Antworten auf diese Fragen bietet das Nachhaltigkeitsbarometer, einer gemeinsamen Studie von Greenpeace Deutschland und der Leuphana Universität Lüneburg.[7]

Die Daten der repräsentativen Befragungen belegen, dass es unter den 15- bis 24-Jährigen ein hohes Bewusstsein für Fragen einer nachhaltigen Entwicklung gibt. Gefragt nach den Grundprinzipien von nachhaltiger Entwicklung, finden sich überaus breit geteilte positive Positionen: die Grundprinzipien stehen nicht zur Debatte. Sofern sich die Befragten aber entscheiden müssen zwischen zwei Aspekten, so halten sich ökonomische und soziale Aspekte von der Wertigkeit die Waage. Ökologie dagegen wird hinter Ökonomie und vor allem deutlich hinter sozialen Aspekten beurteilt. So sehen junge Menschen auf der globalen Ebene einen besonderen Handlungsbedarf für Armutsbekämpfung, gleiche Rechte für Menschen sowie ein friedliches Zusammenleben. Im Vergleich dazu werden ökologische Herausforderungen wie die globale Artenvielfalt, der Schutz der Meere, Reinheit von Trinkwasser oder selbst der Klimawandel als nachrangig eingeordnet. Bezogen auf Deutschland stehen zufriedenstellende Ar-

---

[7] Das Nachhaltigkeitsbarometer untersucht das Nachhaltigkeitsbewusstsein der jüngeren Generation im Alter von 15-24 Jahren anhand einer deutschlandweiten Repräsentativbefragung von über 1.000 jungen Menschen. Entsprechende Daten liegen aus den Jahren 2011 und 2014 vor (Michelsen, Grunenberg & Rode 2012, Michelsen, Grunenberg & Mader 2015, Michelsen et al. 2015).

beitsplätze, Armutsbekämpfung und erneuerbare Energien ganz oben auf der Agenda.

Das Bewusstsein für Fragen nachhaltiger Entwicklung ist in der jüngeren Generation also deutlich ausgeprägt. Wie aber stehen junge Menschen zu diesen Herausforderungen der Nachhaltigkeit? Aus der repräsentativen Studie lassen sich fünf Typen der Nachhaltigkeitsorientierung benennen (Tab. 3).[8]

TAB. 3:

FÜNF TYPEN DER NACHHALTIGKEITSORIENTIERUNG BEI JUGENDLICHEN UND JUNGEN ERWACHSENEN

Nachhaltigkeitsorientierung	Beschreibung	Anteil 2014
Nachhaltigkeitsaffine	motivierte Handlungsbereite, potentielle Veränderer	32%, Tendenz im Vergleich zu 2011 abnehmend
Nachhaltigkeitsrenitente	nicht für Umwelt- und Nachhaltigkeitsthemen zu begeistern	16%, Tendenz im Vergleich zu 2011 abnehmend
Nachhaltigkeitsaktive ohne inneren Anlass	nachhaltig handelnd ohne nachhaltigkeitsbezogenen inneren Anlass	16%, Tendenz im Vergleich zu 2011 zunehmend
Nachhaltigkeitsinteressierte ohne Handlungsfolgen	hohe Motivation und Intention, jedoch kaum Verhaltens- konsequenzen	20%, Tendenz im Vergleich zu 2011 zunehmend
Nachhaltigkeitslethargiker	Haben die Absicht, aktiv zu werden, können sich jedoch nicht motivieren	15%, Tendenz im Vergleich zu 2011 gleichbleibend

Quelle: Eigene Darstellung nach Michelsen, Grunenberg & Mader 2015

Die fünf Typen zeigen, dass das Bewusstsein für Fragen einer nachhaltigen Entwicklung in der jüngeren Generation inzwischen weit verbreitet ist. Allerdings folgt daraus bislang jedoch noch wenig Handlungskonsequenz.

Dennoch lässt sich nicht von einer desinteressierten oder passiven Generation sprechen. Vielmehr beobachten wir ein in den letzten Jahren steigendes Engagement der jüngeren Generation. Lediglich 6% der jüngeren Generation zeigt gar keine Formen des Engagements. Bei anderen reicht das Spektrum des Engagements von leicht durchzu-

---

[8] Die fünf Typen sind das Ergebnis eines statistischen Verfahrens (Clusteranalyse), gebildet aus Fragen zur nachhaltigkeitsspezifischen Motivation, der Ausbildung einer Handlungsabsicht und der Konkretisierung einer Handlung (nach Rost, Gresele & Martens 2001). Insofern umfassen die aufgezeigten Typen Bündelungen von Kognitionen und konkreten Handlungen.

führenden individuellen Aktivitäten wie Müllvermeiden, Energiesparen oder Firmenboykotten bis hin zu intensiveren Varianten, wie dem Austausch mit anderen über Netzwerke, der Beteiligung an Initiativen oder dem aktionsorientierten Protest. Deutlich wird, dass sich Formen des Engagements gewandelt haben. Auch wenn Umwelt, Religion, Soziales oder Rettungsdienste unverändert wichtige Bereiche sind, in denen sich die jüngere Generation engagiert, ändern sich die Modalitäten und Motive des Sich-Einbringens. Aktivitäten werden kurzfristiger und auf Projekte mit sichtbarer Wirkung bezogen. Traditionelle Formen des Ehrenamts als einer teils opferbringenden Aktivität, bei welcher der Eigennutzen deutlich im Hintergrund steht, lassen stark nach.

Eine wesentliche Herausforderung in der nächsten Phase der Bildung für nachhaltige Entwicklung im Kontext des Weltaktionsprogrammes wird es daher sein, auf diese veränderten Bedingungen des Bewusstseins und Engagements bei jungen Menschen zu reagieren. Es gilt in Bildungsangeboten vielfältige Wege zu erproben und zu eröffnen, die es Lernenden ermöglichen, einen eigenen Beitrag zu einer nachhaltigen Entwicklung zu leisten.

Die gute Nachricht ist: die Bereitschaften dazu sind bei der jüngeren Generation vorhanden.

Serviceteil
8

Dieser abschließende Serviceteil bietet interessierten Leserinnen und Lesern, die sich vertieft mit einzelnen Aspekten einer Bildung für nachhaltige Entwicklung auseinandersetzen möchten, kommentierte Hinweise auf Literatur und Anlaufstellen im Internet. Die Auswahl beansprucht nicht die wichtigsten oder bedeutsamsten Fundstellen zu beinhalten. Sie stellt eine persönliche Auswahl der Autoren dar, die unter dem Gesichtspunkt vorgenommen wurde, die Bandbreite verschiedener Bildungsbereiche und Institutionen sowie theoretischer und praktischer Zugänge anzudeuten. Jeder Hinweis ist mit einem kurzen Kommentar versehen, der erläutert, worum es bei der Fundstelle geht.

BNE-PORTAL DER DEUTSCHEN UNESCO-KOMMISSION
Das zentrale Portal www.bne-portal.de zur nationalen Umsetzung des Weltaktionsprogramms „Bildung für eine nachhaltige Entwicklung" stellt

eine zentrale Anlaufstelle für Aktivitäten zur Bildung für nachhaltige Entwicklung in Deutschland dar. Es finden sich strukturierte Hinweise zu Lehr-Lern-Materialien z. B. zu verschiedenen Themen wie Mobilität oder Ernährung. Außerdem bietet das Portal einen Einblick in Meilensteine und aktuelle Informationen zur weiteren Implementierung von Bildung für nachhaltige Entwicklung in Deutschland und der Welt. Eine Datenbank enthält Einträge zu einer Vielzahl ausgezeichneter Projekte aus allen Bildungsbereichen und Regionen Deutschlands.

TRANSFER-21

Das Programm Transfer-21 zielte darauf ab, Bildung für nachhaltige Entwicklung in 10 % aller deutschen Schulen zu verankern. Dazu wurden zahlreiche unterstützende Materialien entwickelt, viele davon auch für den Einsatz in Lehr-Lern-Arrangements. Die Seiten und Materialien sind auch nach Ablaufen des Programms noch erreichbar unter www.transfer-21.de

MATERIALKOMPASS VERBRAUCHERBILDUNG

Zahlreiche Fragen nachhaltiger Entwicklung hängen eng mit Konsummustern in den industrialisierten Ländern des globalen Nordens zusammen. Die Thematisierung von Nachhaltigkeit am Beispiel von Konsum ist daher eine gute Möglichkeit, um lebensweltliche Zugänge zur Auseinandersetzung mit Fragen einer nachhaltigen Entwicklung zu ermöglichen. Der Materialkompass Verbraucherbildung des Bundesverbands Verbraucherzentrale unter www.verbraucherbildung.de/materialkompass enthält zahlreiche geprüfte Lehr-Lern-Materialien, davon zahlreiche mit Bezug zu nachhaltiger Entwicklung.

BILDUNGSSERVICE DES BUNDESMINISTERIUMS FÜR UMWELT, NATURSCHUTZ, BAU UND REAKTORSICHERHEIT (BMUB)

Der unter www.bmub.bund.de/themen/umweltinformation-bildung/ bildungsservice erreichbare Bildungsservice des BMUB umfasst u. a. frei verfüg- und bestellbare Bildungsmaterialien sowie einen umfassenden Online-Service zu Fragen einer nachhaltigen Entwicklung. Dabei stehen ökologische Themen im Vordergrund, die jedoch stets auch mit sozialen und ökonomischen Perspektiven verknüpft werden.

BUNDESZENTRALE FÜR POLITISCHE BILDUNG

Themenfelder der Nachhaltigkeit spielen in der Politischen Bildung eine prominente Rolle, vom Klimawandel über die Energieversorgung bis hin zur Bioethik. Die vielfältigen Angebote und Materialien der Bundeszentrale für politische Bildung unter www.bpb.de bieten daher gute Vertiefungsmöglichkeiten zu einzelnen Themenfeldern der Nachhaltigkeit.

HESSISCHE LANDESZENTRALE FÜR POLITISCHE BILDUNG (HLZ)

Auf den Webseiten der HLZ unter www.hlz.hessen.de finden sich zahlreiche frei verfügbare Materialien zum Thema Nachhaltigkeit (u.a. Polis-Heft 51 „Nachhaltigkeit: Ein Thema für Schule und Unterricht"). Die Materialien basieren z. T. auf Veranstaltungen, die die HLZ mit der Europäischen Akademie in Otzenhausen sowie der Stiftung Forum für Verantwortung zum Thema Nachhaltigkeit in der Aus- und Weiterbildung von Lehrerinnen und Lehrern durchgeführt und dokumentiert hat, weshalb sie sich gut in der Bildungspraxis einsetzen lassen.

STIFTUNG FORUM FÜR VERANTWORTUNG

Die Stiftung Forum für Verantwortung bietet ein breites Repertoire an Veröffentlichungen an, die sich für Bildungsaktivitäten nutzen lassen, u.a. die Schriftenreihe zu Bausteinen zur Zukunft der Erde mit namenhaften Autorinnen und Autoren (verfügbar unter www.forum-fuer-verantwortung. de). Zu empfehlen sind insbesondere die Veröffentlichungen zu wissenschaftlichen Kolloquien, bei denen international bekannte Wissenschaftlerinnen und Wissenschaftler den aktuellen Forschungstand darstellen und zu drängenden aktuellen Herausforderungen einer nachhaltigen Entwicklung und möglichen Handlungsoptionen Stellung nehmen.

DEUTSCHSPRACHIGES NETZWERK LEHRERINNENBILDUNG FÜR EINE NACHHALTIGE ENTWICKLUNG (LENA)

Das „Deutschsprachige Netzwerk LehrerInnenbildung für eine nachhaltige Entwicklung" (LeNa) vereint HochschullehrerInnen aus Deutschland, Österreich und der Schweiz aus mittlerweile über 30 Hochschulen sowie fünf lehrerbildenden Institutionen. Seit seiner Gründung setzt sich LeNa dafür ein, die LehrerInnenbildung hinsichtlich der Herausforderungen einer nachhaltigen Entwicklung zu reformieren. Bildung für eine nachhaltige Entwicklung (BNE) wird innerhalb des Netzwerks als ganzheitliches Bildungskonzept verstanden, das die Arbeitsweisen an Schulen verändert und weit über das reine Unterrichten von Themen wie beispielsweise dem Klimawandel hinausgeht. Das übergeordnete Ziel des Netzwerkes besteht daher darin, die Integration von BNE an Hochschulen zu fördern und das Konzept – auch in internationaler Zusammenarbeit – weiterzuentwickeln. Mehr zur Arbeit von LeNa unter https://www.leuphana.de/institute/infu/lena.html

De Haan, G., Kamp, G., Lerch, A., Martignon, L., Müller-Christ, G. & Nutzinger, H.G. (2008).
NACHHALTIGKEIT UND GERECHTIGKEIT. Grundlagen und schulpraktische Konsequenzen. Berlin, Heidelberg: Springer
Dieses Buch bietet allen tiefergehend Interessierten einen grundlegenden und fundierten Einstieg in die Frage, wie schulische Bildung für eine nach-

haltige und gerechte Entwicklung konzipiert sein sollte. Es ist Ergebnis einer zweijährigen Studie, die eine interdisziplinäre Forschergruppe erarbeitet hat. Auf knapp 260 Seiten werden systematisch die Herausforderungen nachhaltiger Entwicklung, zentrale Begriffe und praktische Konsequenzen für zu fördernde Kompetenzen geklärt.

Michelsen, G., Siebert, H. & Lilje, J. (2011).
NACHHALTIGKEIT LERNEN. EIN LESEBUCH.
Bad Homburg: Verlag für Akademische Schriften
Dieses Buch bietet Lesenden einen Einstieg in die Diskussion um das Leitbild der Nachhaltigkeit und zeigt von dort ausgehend den Zusammenhang zur Bildung auf. Dabei werden Lehr- und Lernmethoden, Lernstile sowie Themenfelder und Inhalte der BNE unter der Leitfrage diskutiert, wie ein Lernen über und für Nachhaltigkeit möglich ist.

Michelsen, G. & Nemnich, C. (Hrsg.) (2011).
HANDREICHUNG BILDUNGSINSTITUTIONEN UND
NACHHALTIGER KONSUM. NACHHALTIGEN KONSUM
FÖRDERN UND SCHULEN VERÄNDERN.
Bad Homburg: Verlag für Akademische Schriften
Die Handreichung aus dem Projekt BINK (Bildungsinstitutionen und nachhaltiger Konsum) gibt interessierten Bildungsakteuren einen praktischen Leitfaden an die Hand, wie sich die eigene Bildungseinrichtung verändern und nachhaltiger Konsum fördern lässt. Das Material enthält Kopiervorlagen, mehrere Begleithefte sowie eine DVD und ist für den direkten Praxiseinsatz konzipiert.

Wals, A. E. J. (Hrsg.) (2007).
SOCIAL LEARNING TOWARDS A SUSTAINABLE WORLD.
PRINCIPLES, PERSPECTIVES, AND PRAXIS.
Wageningen: Wageningen Academic Publishers
http://www.wageningenacademic.com/doi/pdf/10.3920/978-90-8686-594-9
Dieser frei verfügbare Band vereint zahlreiche Beiträge, die sich mit verschiedenen Aspekten von gesellschaftlichem und sozialem Lernen für eine nachhaltige Entwicklung befassen. Ein weiteres Thema, das aus verschiedenen Perspektiven beleuchtet wird, ist die Rolle der Zivilgesellschaft in Aushandlungsprozessen rund um Nachhaltigkeit. Das Buch enthält sowohl theoretisch als auch praktisch ausgerichtete Beiträge und erschließt damit einen breiten Diskurs und eröffnet eine internationale Perspektive auf die Diskussion um Bildung für nachhaltige Entwicklung.

LITERATURVERZEICHNIS

Adomßent, M. & Henze, C. (2013). Hochschulbildung für nachhaltige Entwicklung – eine Bestandsaufnahme. In N. Pütz, M. K. Schweer & N. Logemann (Hrsg.), *Bildung für nachhaltige Entwicklung. Aktuelle theoretische Konzepte und Beispiele praktischer Umsetzung* (S. 159–181). Frankfurt am Main: Peter Lang.

Adomßent, M. (2010). Hochschule und Nachhaltigkeit. Eine kritische Bestandsaufnahme. *ZEP – Zeitschrift für internationale Bildungsforschung und Entwicklungspädagogik*, 33 (4), S. 33–34.

Adomßent, M., Michelsen, G., Rieckmann, M. & Stoltenberg, U. (2009). Die „Sustainable University" als informeller Lernkontext. In M. Brodowski, U. Devers-Kanoglu, B. Overwien, M. Rohs, S. Salinger & M. Walser (Hrsg.), *Informelles Lernen und Bildung für eine nachhaltige Entwicklung. Beiträge aus Theorie und Praxis* (S. 247–254). Leverkusen: Budrich Barbara.

Axelrod, P. D. (2002). *Values in conflict. The university, the marketplace and the trials of liberal education.* Montréal: McGill-Queen's University Press.

Barratt Hacking, E., Scott, W. R. & Lee, E. A. (2010). *Evidence of Impact of Sustainable Schools.* Nottingham: UK Department for Children, Schools and Families.

Barth, M., Fischer, D., Michelsen, G. & Rode, H. (2011). Bildungsorganisationale Konsumkultur als Kontext jugendlichen Konsumlernens. In R. Defila, A. Di Giulio & R. Kaufmann-Hayoz (Hrsg.), *Wesen und Wege nachhaltigen Konsums. Ergebnisse aus dem Themenschwerpunkt „Vom Wissen zum Handeln - Neue Wege zum nachhaltigen Konsum"* (S. 247–263). München: Oekom.

Barth, M., Fischer, D., Michelsen, G. & Rode, H. (2013). Konsumlernen in Bildungseinrichtungen: Befunde aus einer empirischen Studie. In G. Michelsen & D. Fischer (Hrsg.), *Nachhaltig konsumieren lernen. Ergebnisse aus dem Projekt BINK („Bildungsinstitutionen und nachhaltiger Konsum")* (S. 165–184). Bad Homburg: Verlag für Akademische Schriften.

Beck, K., Blohm, M. C., Jürgens, A. & Prien-Ribcke, S. (2012). Der Einstieg ins Studium als Gemeinschaftsaufgabe: Das Leuphana Semester. In T. Brinker & P. Tremp (Hrsg.), *Einführung in die Studiengangentwicklung* (S. 147–155). Bielefeld: Bertelsmann.

Bergmark, U. & Kostenius, C. (2009). 'Listen to me when I have something to say': students' participation in research for sustainable school improvement. *Improving Schools*, 12 (3), S. 249–260.

Black, R. (2011). Student participation and disadvantage: limitations in policy and practice. *Journal of Youth Studies*, 14 (4), S. 463–474.

BLK – Bund-Länder-Kommission für Bildungsplanung und Forschungsförderung (1998). *Bildung für eine nachhaltige Entwicklung. Orientierungsrahmen.* Bonn.

BMBF – Bundesministerium für Bildung und Forschung (2002). *Bericht der Bundesregierung zur Bildung für eine nachhaltige Entwicklung*, Berlin.

BMU – Bundesministerium für Umwelt, Naturschutz und Reaktorsicherheit (1992). *Agenda 21. Konferenz der Vereinten Nationen für Umwelt und Entwicklung im Juni 1992 in Rio de Janeiro. Dokumente.* Berlin.

BMU – Bundesministerium für Umwelt, Naturschutz und Reaktorsicherheit (2003). *Weltgipfel für nachhaltige Entwicklung 26. August bis 4. September 2002 in Johannesburg (Dokumente) - VN-Kommission für nachhaltige Entwicklung (Arbeitsprogramm 2004 bis 2017),* Berlin.

Bormann, I. (2005). Zwischen Wunsch und Wirklichkeit: Nachhaltigkeitskommunikation in Schulen. In G. Michelsen & J. Godemann (Hrsg.), *Handbuch Nachhaltigkeitskommunikation. Grundlagen und Praxis* (S. 787–797). München: Oekom.

Breiting, S. & Mogensen, F. (1999). Action Competence and Environmental Education. *Cambridge Journal of Education*, 29 (3), S. 349–353.

Brodowski, M., Devers-Kanoglu, U., Overwien, B., Rohs, M., Salinger, S. & Walser, M. (Hrsg.). (2009). *Informelles Lernen und Bildung für eine nachhaltige Entwicklung. Beiträge aus Theorie und Praxis.* Leverkusen: Budrich Barbara.

Burandt, S. & Barth, M. (2010). Learning settings to face climate change. *Journal of Cleaner Production*, 18 (7), S. 659–665.

Di Giulio, A. & Künzli David, C. (2006). Partizipation von Kindern und Jugendlichen im Kontext von Bildung und nachhaltiger Entwicklung. In C. Quesel (Hrsg.), *Die Mühen der Freiheit. Probleme und Chancen der Partizipation von Kindern und Jugendlichen* (S. 205–219). Zürich: Rüegger.

Dieckmann, A., Hübner, K. & Paulsen, B. (2006). *Bestandsaufnahme der Aktivitäten der Umweltverbände zur Bildung für eine nachhaltige Entwicklung (2001-2005)* (INFU-Diskussionsbeiträge 32/06), Lüneburg.

Dubs, R. (1995). Konstruktivismus: Einige Überlegungen aus der Sicht der Unterrichtsgestaltung. *Zeitschrift für Pädagogik*, 41 (6), S. 889–903.

DUK – Deutsche UNESCO-Kommission & HRK – Hochschulrektorenkonferenz (2010). *Hochschulen für nachhaltige Entwicklung.* Erklärung der Hochschulrektorenkonferenz (HRK) und der Deutschen UNESCO-Kommission (DUK) zur Hochschulbildung für nachhaltige Entwicklung – Ein Beitrag zur UN-Dekade „Bildung für nachhaltige Entwicklung".

DUK – Deutsche UNESCO-Kommission (2003). *Nachhaltigkeit lernen. Hamburger Erklärung der Deutschen UNESCO-Kommission zur Dekade der Vereinten Nationen ,Bildung für nachhaltige Entwicklung' (2005-2014).*

DUK – Deutsche UNESCO-Kommission (2010b). *Zukunftsfähigkeit im Kindergarten vermitteln: Kinder stärken, nachhaltige Entwicklung befördern.* Ein Diskussionsbeitrag der Deutschen UNESCO-Kommission im Rahmen der UN-Dekade „Bildung für nachhaltige Entwicklung (2005–2014)" , Bonn.

DUK – Deutsche UNESCO-Kommission (2014). *Bonner Erklärung 2014.* Bonn.

DUK – Deutsche UNESCO-Kommission & KMK – Kultusministerkonferenz (2007). *Empfehlungen zur „Bildung für nachhaltige Entwicklung in der Schule",* Bonn.

Edelstein, W. & Haan, G. de. (2004). Lernkonzepte für eine zukunftsfähige Schule. Von Schlüsselkompetenzen zum Curriculum. In *Selbstständig lernen. Bildung stärkt Zivilgesellschaft. Sechs Empfehlungen der Bildungskommission der Heinrich-Böll-Stiftung* (S. 130–188). Weinheim: Beltz.

Eraut, M. (2000). Non-formal learning, implicit learning and tacit knowledge in professional work. In F. Coffield (Hrsg.), *The necessity of informal learning* (S. 12–31). Bristol: The Policy Press.

Europäische Kommission (2001). *Mitteilung der Kommission: Einen europäischen Raum des Lebenslangen Lernens schaffen.* Brüssel.

Fischer, D. & Barth, M. (2014). Key Competencies for and beyond Sustainable Consumption. An Educational Contribution to the Debate. GAiA, 23 (S1), S. 193–200.
Fischer, D. (2011). Ganzheitliche Schulansätze zur Bildung für nachhaltigen Konsum. In M. Wachowiak, D. Kielczewski & H. Diefenbacher (Hrsg.), *Nachhaltiger Konsum? Die Entwicklung des Verbraucherverhaltens in Polen und Deutschland* (S. 434–465). Heidelberg: FEST.

Fischer, D. (2013). Bildungseinrichtungen als Konsumkulturen. In G. Michelsen & D. Fischer (Hrsg.), *Nachhaltig konsumieren lernen. Ergebnisse aus dem Projekt BINK („Bildungsinstitutionen und nachhaltiger Konsum")* (S. 131–164). Bad Homburg: Verlag für Akademische Schriften.

Fischer, D., Jenssen, S. & Tappeser, V. (2015, online first). Getting an empirical hold of the sustainable university: a comparative analysis of evaluation frameworks across 12 contemporary sustainability assessment tools. *Assessment & Evaluation in Higher Education.*

Gerstenmaier, J. & Mandl, H. (1995). Wissenserwerb unter konstruktivistischer Perspektive. *Zeitschrift für Pädagogik*, 10 (6), S. 867–888.

Griebler, U. & Nowak, P. (2012). Student councils: a tool for health promoting schools? Characteristics and effects. *Health Education*, 112 (2), S. 105–132.

Grundmann, D. (2011). Nachhaltigkeit und Schulentwicklung. In H. Gritschke, C. Metzner & B. Overwien (Hrsg.), *Erkennen – Bewerten – (Fair-)Handeln. Kompetenzerwerb im globalen Wandel* (S. 200–226). Kassel: Kassel University Press.

Haan, G. de & Harenberg, D. (1998). Nachhaltigkeit als Bildungs- und Erziehungsaufgabe. Möglichkeiten und Grenzen schulischen Umweltlernens. *Der Bürger im Staat* (2), S. 100–104.

Haan, G. de & Harenberg, D. (1999). *Bildung für eine nachhaltige Entwicklung. Gutachten zum Programm.* Bonn: Bund-Länder-Kommission.

Haan, G. de (2006). Bildung für nachhaltige Entwicklung – ein neues Lern- und Handlungsfeld. *Unesco heute*, 53 (1), S. 4–8.

Haan, G. de (2007). *Studium und Forschung zur Nachhaltigkeit.* Bielefeld: Bertelsmann.

Haan, G. de, Jungk, D., Kutt, K., Michelsen, G., Nitschke, C., Schnurpel, U. et al. (1997). *Umweltbildung als Innovation. Bilanzierungen und Empfehlungen zu Modellversuchen und Forschungsvorhaben.* Berlin: Springer.

Haan, G. de, Kamp, G., Lerch, A., Martignon, L., Müller-Christ, G., Nutzinger, H. G. et al. (2008). *Nachhaltigkeit und Gerechtigkeit. Grundlagen und schulpraktische Konsequenzen.* Berlin: Springer Berlin.

Haan, G. de (2002). Die Kernthemen der Bildung für eine nachhaltige Entwicklung. *ZEP – Zeitschrift für internationale Bildungsforschung und Entwicklungspädagogik* (1), S. 13–20.

Haan, G. de. (2004). Politische Bildung für Nachhaltigkeit. *Aus Politik und Zeitgeschichte* (7-8), S. 39–46.

Hauff, V. (1987). *Unsere gemeinsame Zukunft. Der Brundtland-Bericht der Weltkommission für Umwelt und Entwicklung*. Greven: Eggenkamp Verlag.

Henderson, K. & Tilbury, D. (2004). *Whole-School Approaches to Sustainability: An International Review of Sustainable School Programs*. Canberra (Australien): Australian Government Department of the Environment and Heritage & Australian Research Institute in Education for Sustainability (ARIES).

Homburg, A., Nachreiner, M. & Fischer, D. (2013). Die BINK-Strategie zur Förderung nachhaltigen Konsumverhaltens und nachhaltiger Konsumkultur in Bildungsorganisationen – Weiterentwicklung auf der Basis einer formativen Evaluation. In G. Michelsen & D. Fischer (Hrsg.), *Nachhaltig konsumieren lernen. Ergebnisse aus dem Projekt BINK („Bildungsinstitutionen und nachhaltiger Konsum")* (S. 185–213). Bad Homburg: Verlag für Akademische Schriften.

Hren, B. & Birney, A. (2004). Pathways. *A Development Framework for School Sustainability*. Surrey: World Wide Fund for Nature (WWF) Scotland.

Huber, J. (1995). *Nachhaltige Entwicklung. Strategien für eine ökologische und soziale Erdpolitik*. Berlin: Ed. Sigma.

Jensen, B. B. & Schnack, K. (1997). The Action Competence Approach in Environmental Education. *Environmental Education Research, 3* (2), S. 163–178.

Klafki, W. (1995). ‚Schlüsselprobleme' als thematische Dimension einer zukunftsbezogenen ‚Allgemeinbildung' - Zwölf Thesen. *Die Deutsche Schule* (3), S. 9–14.

Kopfmüller, J., Brandl, V., Jörissen, J., Paetau, M., Banse, G., Ceoenen, R. et al. (2001). *Nachhaltige Entwicklung integrativ betrachtet. Konstitutive Elemente, Regeln, Indikatoren*. Berlin: Ed. Sigma.

Kruse, L. (2013). Vom Handeln zum Wissen – ein Perspektivwechsel für eine Bildung für nachhaltige Entwicklung. In N. Pütz, M. K. Schweer & N. Logemann (Hrsg.), *Bildung für nachhaltige Entwicklung. Aktuelle theoretische Konzepte und Beispiele praktischer Umsetzung* (S. 31–57). Frankfurt am Main: Peter Lang.

Künzli David, C. & Kaufmann-Hayoz, R. (2008). Bildung für eine Nachhaltige Entwicklung – Konzeptionelle Grundlagen, Legitimation, didaktische Ausgestaltung und Umsetzung. *Umweltpsychologie, 12* (2), S. 9–28.

Künzli David, C. (2007). *Zukunft mitgestalten. Bildung für eine nachhaltige Entwicklung - Didaktisches Konzept und Umsetzung in der Grundschule*. Bern: Haupt Verlag.

Læssøe, J. (2010). Education for sustainable development, participation and socio-cultural change. *Environmental Education Research, 16* (1), S. 39–57.

Matthies, E. (2000). Partizipative Interventionsplanung - Überlegungen zu einer Weiterentwicklung der Psychologie im Umweltschutz. *Umweltpsychologie, 4* (2), S. 84–99.

Mcmillin, J. & Dyball, R. (2009). Developing a Whole-of-University Approach to Educating for Sustainability: Linking Curriculum, Research and Sustainable Campus Operations. *Journal of Education for Sustainable Development, 3* (1), S. 55–64.

Meadows, D. L., Meadows, D. H., Zahn, E. & Milling, P. (1972). *Die Grenzen des Wachstums. Bericht des Club of Rome zur Lage der Menschheit*. Stuttgart: Deutsche Verlags-Anstalt.

Meyer-Guckel, V. & Mägdefessel, D. (2010). Vielfalt an Akteuren. Einfalt an Profilen. Hochschulleitbilder im Vergleich. Verfügbar unter http://stifterverband. info/presse/pressemitteilungen/2010/2010_08_24_hochschulleitbilder/hochschulleitbilder_im_vergleich_zusammenfassung.pdf

Michelsen, G. (2001). Umweltbildung – Umweltberatung – Umweltkommunikation. In F. Müller-Rommel (Hrsg.), *Sozialwissenschaften* (S. 125–152). Berlin, Heidelberg: Springer.

Michelsen, G. (2006). Bildung für eine nachhaltige Entwicklung: Meilensteine auf einem langen Weg. In E. Tiemeyer & K. Wilbers (Hrsg.), *Berufliche Bildung für nachhaltiges Wirtschaften. Konzepte, Curricula, Methoden, Beispiele* (S. 17–32). Bielefeld: Bertelsmann.

Michelsen, G., Grunenberg, H. & Mader, C. (2015). Engagement durch Bildung für nachhaltige Entwicklung: das Weltaktionsprogramm von Quantität zur Qualität. Vorab-Veröffentlichung aus dem Nachhaltigkeitsbarometer 2014. Hamburg: Greenpeace. Verfügbar unter http://www.leuphana.de/fileadmin/user_upload/Aktuell/images/Startseitenbeitraege/2015/nachhaltigkeitsbarometer-bildung-20150522.pdf

Michelsen, G., Grunenberg, H., Mader, C. & Barth, M. (2015). Engagement der jüngeren Generation heute: Faktoren - Potentiale - Konsequenzen für Nachhaltigkeit. Vorab-Veröffentlichung aus dem Nachhaltigkeitsbarometer 2014. Hamburg: Greenpeace. Verfügbar unter http://www.greenpeace.de/sites/www.greenpeace.de/files/publications/nachhaltigkeitsbarometer-auskopplung-engagement-jugend-20150818.pdf

Michelsen, G., Rode, H. & Wendler, M. (2013). *Außerschulische Bildung für nachhaltige Entwicklung. Eine Bestandsaufnahme am Beginn des 21. Jahrhunderts.* München: Oekom.

Michelsen, G., Siebert, H. & Lilje, J. (2011). *Nachhaltigkeit lernen. Ein Lesebuch.* Bad Homburg: Verlag für Akademische Schriften.

Mittelstraß, J. (2005). Methodische Transdisziplinarität. *Technikfolgenabschätzung - Theorie und Praxis, 14* (2), S. 18–23.

Müller, A. (2009). *Meinungsmache. Wie Wirtschaft, Politik und Medien uns das Denken abgewöhnen wollen.* München: Droemer.

Müller, U. (2000). Der Mensch im Mittelpunkt. Bildung für nachhaltige Entwicklung benötigt die Klärung des Bildungsbegriffs. *Politische Ökologie, 15* (Sonderheft 12), S. 8–11.

Otte, I., Prien-Ribcke, S. & Michelsen, G. (2014). Hochschulbildung auf der Höhe des 21. Jahrhunderts. In C.-G. v. Müller & C.-P. Zinth (Hrsg.), *Managementperspektiven für die Zivilgesellschaft des 21. Jahrhunderts. Management als Liberal Art* (S. 183–203). Wiesbaden: Springer Fachmedien Wiesbaden.

Overwien, B. (2005). Stichwort: Informelles Lernen. *Zeitschrift für Erziehungswissenschaft, 8* (3), 339–355. Programm Transfer-21 (2007). *Orientierungshilfe Bildung für nachhaltige Entwicklung in der Sekundarstufe I. Begründungen - Kompetenzen - Aufgabenbeispiele,* Berlin.

Reid, W. V., Chen, D., Goldfarb, L., Hackmann, H., Lee, Y. T., Mokhele, K. et al. (2010). Environment and development. Earth system science for global sustainability: grand challenges. *Science, 330* (6006), S. 916–917.

Reinhardt, V. (2009). Partizipative Schulentwicklung. Ein Beitrag zur Demokratiepädagogik und zur Evaluation von Schulkultur. In W. Beutel & P. Fauser (Hrsg.), *Demokratie, Lernqualität und Schulentwicklung* (S. 127–150). Schwalbach/Ts: Wochenschau.

Reinmann-Rothmeier, G. & Mandl, H. (2006). Unterrichten und Lernumgebungen gestalten. In A. Krapp & B. Weidenmann (Hrsg.), *Pädagogische Psychologie. Ein Lehrbuch* (5., vollst. überarb. Aufl., S. 613–658). Weinheim: Beltz PVU.

Rieß, W. (2006). Lehr-Lern-Forschung im Rahmen der Bildung für eine nachhaltige Entwicklung (BNE). In W. Rieß & H. Apel (Hrsg.), *Bildung für eine nachhaltige Entwicklung. Aktuelle Forschungsfelder und -ansätze* (S. 17–32). Wiesbaden: VS Verlag für Sozialwissenschaften.

Rost, J., Gresele, C. & Martens, T. (2001). *Handeln für die Umwelt – Anwendung einer Theorie.* Münster: Waxmann.

Sandell, K., Öhman, J. & Östman, L. (2005). *Education for sustainable development. Nature, school and democracy.* Lund: Studentlitteratur.

Sassen, R., Dienes, D. & Beth, C. (2014). Nachhaltigkeitsberichterstattung deutscher Hochschulen. *Zeitschrift für Umweltpolitik und Umweltrecht, 37* (3), S. 258–277.

Schlegel-Matthies, K. (2002). Das Modell der Salutogenese als Handlungsanleitung für haushaltsbezogene Bildung? – Fragen und Folgerungen. *Haushalt und Bildung* (3), S. 24–33.

Schugurensky, D. (2000). *The Form of Informal Learning: Towards a Conceptualization of the Field [Draft Working Paper]* (NALL Working Paper Nr. 19), Toronto.

Shallcross, T. (2006). Whole school approaches, forging links and closing gaps between knowledge, values and actions. In A. E. J. Wals, T. Shallcross, J. Robinson & P. Pace (Hrsg.), *Creating sustainable environments in our schools* (S. 29–46). Stoke-on-Trent: Trentham.

Sharma, A. & Kearins, K. (2011). Interorganizational Collaboration for Regional Sustainability: What Happens When Organizational Representatives Come Together? *The Journal of Applied Behavioral Science, 47* (2), S. 168–203.

Siebert, H. (2003). *Pädagogischer Konstruktivismus. Lernen als Konstruktion von Wirklichkeit* (2., vollst. überarb. Aufl.). Neuwied: Hermann Luchterhand Verlag.

Sterling, S. & Thomas, I. (2006). Education for sustainability: the role of capabilities in guiding university curricula. *International Journal of Innovation and Sustainable Development, 1* (4), S. 349-370.

Sterling, S. (2006). *Whole Systems Thinking as a Basis for Paradigm Change in Education - Explorations in the Context of Sustainability.* Dissertation, University of Bath. Bath.

Stoltenberg, U. & Michelsen, G. (1999). Lernen nach der Agenda 21. Überlegungen zu einem Bildungskonzept für eine nachhaltige Entwicklung. *NNA-Berichte, 12* (1), S. 45–53.

Stoltenberg, U. & Thielebein-Pohl, R. (Hrsg.) (2011). *KITA21 – Die Zukunftsgestalter. Mit Bildung für eine nachhaltige Entwicklung Gegenwart und Zukunft gestalten.* München: ökom.

Stoltenberg, U. (2000). Lebenswelt Hochschule als Erfahrungsraum für Nachhaltigkeit. In G. Michelsen (Hrsg.), *Sustainable University. Auf dem Weg zu einem universitären Agendaprozess* (S. 90–116). Frankfurt/Main: Verlag für Akademische Schriften.

Stoltenberg, U. (2008). *Bildungspläne im Elementarbereich. Ein Beitrag zur Bildung für nachhaltige Entwicklung?* Eine Untersuchung im Rahmen der UN-Dekade „Bildung für nachhaltige Entwicklung". Bonn: Deutsche UNESCO-Kommission.

Stoltenberg, U. (2009). *Mensch und Wald. Theorie und Praxis einer Bildung für nachhaltige Entwicklung am Beispiel des Themenfeldes Wald.* München: Oekom.

Stoltenberg, U. (2011). Bildung für eine nachhaltige Entwicklung für Kita-Kinder. In U. Stoltenberg & R. Thielebein-Pohl (Hrsg.). *KITA21 – Die Zukunftsgestalter. Mit Bildung für eine nachhaltige Entwicklung Gegenwart und Zukunft gestalten* (S. 57-70). München: Oekom.

UNECE – United Nations Economic Commission for Europe (2005). *UNECE-Strategie über die Bildung für nachhaltige Entwicklung. Angenommen von der hochrangigen Tagung der Umwelt- und Bildungsministerien am 23.03.2005.*

UNESCO – United Nations Educational, Scientific and Cultural Organization (1978). Intergovernmental Conference on Environmental Education. Final Report of the Tbilisi Conference. Paris.

UNESCO – United Nations Educational, Scientific and Cultural Organization (2003). Das Übereinkommen zur Erhaltung des immateriellen Kulturerbes. Paris.

UNESCO – United Nations Educational, Scientific and Cultural Organization (2005a). Übereinkommen über den Schutz und die Förderung der Vielfalt kultureller Ausdrucksformen. Paris.

UNESCO – United Nations Educational, Scientific and Cultural Organization (2009). Bonner Erklärung. Bonn.

UNESCO – United Nations Educational, Scientific and Cultural Organization (2005b). *United Nations Decade of Education for Sustainable Development (2005-2014). International Implementation Scheme,* Paris.

UNESCO – United Nations Educational, Scientific and Cultural Organization (2014a). *Roadmap zur Umsetzung des Weltaktionsprogramms „Bildung für eine nachhaltige Entwicklung".* Paris.

UNESCO – United Nations Educational, Scientific and Cultural Organization (2014b). *Shaping the Future We Want. UN Decade of Education for Sustainable Development (2005-2014): Final Report* (DESD Monitoring and Evaluation). Paris.

United Nations (2015). Transformation unserer Welt: die Agenda 2030 für nachhaltige Entwicklung. Resolution der Generalversammlung, verabschiedet am 25. September 2015. New York.

Vare, P. & Scott, W. R. (2007). Learning for a Change: Exploring the Relationship Between Education and Sustainable Development. *Journal of Education for Sustainable Development, 1* (2), S. 191–198.

Wagenschein, M. (1997). *Verstehen lehren. Genetisch – Sokratisch – Exemplarisch* (11. Aufl.). Weinheim: Beltz.

WBGU – Wissenschaftlicher Beirat der Bundesregierung Globale Umweltveränderungen (1993). *Grundstruktur globaler Mensch-Umwelt-Beziehungen. Jahresgutachten 1993.* Bonn: Economica-Verlag.

WBGU – Wissenschaftlicher Beirat der Bundesregierung Globale Umweltveränderungen (1995). *Wege zur Lösung globaler Umweltprobleme. Jahresgutachten 1995.* Berlin: Springer Verlag.

WBGU – Wissenschaftlicher Beirat der Bundesregierung Globale Umweltveränderungen (2011). *Gesellschaftsvertrag für eine Große Transformation. Hauptgutachten 2011.* Berlin.

Wehling, H.-G. (1977). Konsens à la Beutelsbach? In S. Schiele, H. Schneider & K. G. Fischer (Hrsg.), *Das Konsensproblem in der politischen Bildung* (S. 179–180). Stuttgart: Klett.

Wheeler, A. (2009). Can We Design Schools to Encourage Lifestyle Change? Participation and Sustainable Behaviour. *The International Journal of Environmental, Cultural, Economic and Social Sustainability, 5* (5), S. 1–11.